초등용 교사용 지도서 한나무 인성교육 프로그램

꽃을 피우는 나무

한마음과학원 저

학지사

모든 생명의 평등과 존귀함을 일깨워 주신 대행선사께 삼가 이 책을 바칩니다.

‖ 추천사 ‖

뿌리 깊은 나무, 샘이 깊은 물

뿌리 깊은 나무는 센 바람도 견디며 샘이 깊은 물은 사철 끊임없이 솟습니다. 세상일 모두가 근본이 깊고 튼튼해야 하지만 교육만큼 이 말이 꼭 들어맞는 분야도 없는 것 같습니다. 교육은 본질적으로 인간의 인간다운 본성을 꽃피게 함으로써 제대로 된 사람을 양성하는 것입니다. 국가의 근본 토대가 '인재' 라는 측면에서 교육은 동서고금을 막론하고 가장 중요한 국가적 과제입니다.

'제대로 된 사람' 은 어떤 사람일까요? 고대 그리스의 아폴론 신전 현관에는 "너 자신을 알라" 라는 문구가 새겨져 있다고 합니다. 이는 '자기 자신을 잘 아는 사람' 이 '제대로 된 사람' 이라는 의미로 해석됩니다. 그리고 우리나라에서는 예로부터 사람을 '된 사람' '든 사람' '난 사람' 으로 구분하고 다른 무엇보다도 '된 사람' 이 먼저 되어야 한다고 가르쳐 왔습니다. 즉, 인간의 본성에 대한 깊은 이해를 바탕으로 인간과 인간, 인간과 자연 및 우주 간의 평등한 상호 관계를 체득시키는 것이 교육의 근본이었습니다.

하지만 오늘날의 우리 교육은 올바른 방향을 잃고 표류하는 것 같습니다. 대학 입시에 편중된 교육의 관심 속에서 교육정책의 문제들은 정치적 및 이념적 갈등으로 증폭되고 있습니다. 그 와중에 공교육의 붕괴 및 천정부지의 사교육비 문제 등이 파생된 것을 우리는 잘 알고 있습니다. 교과과정도 여러 차례의 개정을 거쳤음에도 불구하고 된 사람을 양성하기 위한 근본적인 개정보다는 같은 계열의 개별 과목을 묶었다 풀었다 하는 정도의 극히 방편적인 개정에 머물러 왔습니다. 그러다 보니 유아교육, 초등교육, 중 · 고등교육, 대학교육에 이르는 교육체계를 관통하는 공통된 교육의 근본 토대는 망각되고 각 교육 단계 간의 연계성이 미흡한 문제점도 상존하고 있는 실정입니다.

이러한 상황에서 교육정책의 목표를 '인성과 창의성을 바탕으로 한 글로벌 인재 양성' 으로 정한 것은 우리 교육이 나아가야 할 방향을 올바르게 제시한 것이었습니다. 즉, 우리의 교육은 교육의 본질로 돌아가 '인간의 본성 계발을 통한 된 사람 양성' 이라는 정신을 되살려야 한다는 것이지요. 창의성은 인간 본연의 근본 성품, 즉 인성의 풍부한 토양에서 피어나는 꽃과 같은 것이라고 볼 때 인성 계발은 곧 된 사람을 양성하는 것입니다. 아울러 창의성이 풍부한 든 사람, 지구촌을 사랑하고 이끌어 갈 글로벌 인재로서의 난 사람을 양성하는 일은 미래 우리나라 교육의 가장 기초적이고 중요한 요소입니다. 하지만 인성 계발을 어떻게 교육 현장에서 실천할 수 있는가 하는 문제는 그리 간단하지 않습니다. 인성교육을 위한 구체적인 교육 내용과 학습 방안 마련이 녹록지 않기 때문이지요. 이러한 연유로 인성교육에 대한 필요성은 오래전부터 제기되어 왔지만 실제 교육 현장에서의 실천 사례는 찾아보기가 쉽지 않았습니다.

그러한 의미에서 인성교육에 대한 구체적인 해결책을 제시하는 이 책을 만나게 된 것은 크나큰 기쁨이고 행복입니다. 이 책은 우리 모두에게 제각기 참다운 인간으로서의 근본 성품이 있다는 사실에 기초하여 그 성품이 자발적으로 발현될 수 있도록 도와주는 교육 프로그램입니다. 그러면서도 또한 중요한 것은 이 책에는 수년에 걸쳐 실제로 교육 현장에서 적용해 본 경험을 토대로 얻은 선생님들의 땀과 정성의 결과물과 그 노하우를 구체적이고 체계적인 학습 내용으로 개발하여 담아냈다는 것입니다. 즉, 3단계로 구성된 이 교육 프로그램은 1단계에서 생명공동체의 일부로서 살아가는 '나'의 존재 의미와 그 관계의 핵심이 되는 마음에 주목하게 하고, 2단계에서는 누구나 내면에 가지고 있는 마음이 모든 생명과의 소통의 통로이자 무한한 능력의 원천임을 일깨우고 있습니다. 이어서 3단계에서는 스스로 내면에 갖추고 있는 능력에 근거하여 일상생활 속에서 자신의 모습을 성찰하고 스스로 발전시켜 나가는 실천적 프로그램으로 구성되어 있습니다.

여러 분야의 전문가와 교육 일선에 있는 선생님들의 공동 작업과 실험을 통해 탄생된 이 프로그램은 기존의 교과 내용 연구 그룹과 실행 그룹 사이에 상존해 왔던 괴리를 근본적으로 해결할 수 있으리라 믿어 의심치 않습니다. 이러한 접근법은 교육과정 개발을 위한 새로운 모델이 될 가능성이 있기에 모두가 주목할 필요가 있다고 생각합니다. 인간의 근본 성품 계발을 통한 참된 사람 양성을 위한 노력에 격려와 박수를 보내며, 이 책이 교육계에 있는 사람들은 물론 많은 국민들에게 보급되기를 기원합니다.

현 울산대학교 총장 및 대통령 직속 교육과학자문회의 부의장

전 교육과학기술부 장관

김도연

‖ 머리말 ‖

선생님들의 고민과 좌절

학교를 그만두고 싶다는 생각이 자주 든다. 원하는 대로 아이들과 하나가 되지 못하고 헤매는 스스로에 대한 실망과 변해 가는 교직 사회의 딱딱한 분위기가 싫어진다.

요즘 아이들을 보는 내 마음은 둘인 것 같다. 그냥 습관적으로 어떤 틀을 두고 그 이상은 더 가까이 하지 않으려는 마음과 내가 힘들더라도 이 아이들과 한마음이 되어 가자는 마음이 교차한다. 또 진정한 교사로서 바람직한 행동을 해야 한다는 생각과 내가 힘드니까 적당히 거리를 두고자 하는 마음, 여기에는 냉랭한 기운까지 엿보인다. 이러한 마음들이 쌓여 아이들과의 거리가 점점 멀어진다는 것을 알았다.

수업 시간에 행복한 가정생활에 대해 지도했다. 행복한 가정을 이루기 위하여 서로 서로 칭찬과 따뜻한 격려를 해 주고 많은 대화를 해야 한다고 가르쳤다. 그런데 정작 내 가정을 떠올려 보니 내가 가르치고 있는 내용과 너무나 달랐다. 가슴이 아팠다. 자기만의 세계에 빠져서 가족을 전혀 돌보지 않는 아버지, 아버지에 대한 원망과 회한 때문에 지쳐 있는 어머니, 부모에게서 따스함을 느끼지 못하고 자신감을 잃어 가고 있는 큰아들, 아버지에게 불만이 쌓여 있는 작은 아들, 늘 가족과 함께 즐거운 시간을 보내고 싶은데 그렇게 하지 못해서 불만인 딸…… 가족들의 가슴에 아픔이 가득가득 쌓여 가고 있다. 수업을 하면서도 가슴이 아파 눈물이 나오려 했다.

학생과 학생, 학생과 교사, 교사와 교사 사이에 수많은 일들이 짧은 시간 안에 일어나고 있다. 많은 이야기들이 감기 바이러스처럼 떠다닌다. 궁금한 이야기에 귀 기울이고 함께 이야기 나누어 본다. 누구는 이렇고 누구는 저렇고……. 나를 돌아본다. 듣는 나와 이야기 하는 나. 참새같이 여기저기서 이야기를 나눈다. 공통의 화제이므로……. 교사평가와도 관련해서 분위기를 유도하는 분도 있고…… 둥둥 떠서 돌아다닌다. 모두 떠돌고 있는 그 속에 나도 있다.

내 나름대로는 자부심도 가지고 있지만 실생활에서 살펴보면 내세울 게 없는 내 모습을 본다. 집안에서는 똑똑하지도 않고 머리가 잘 돌아가는 편도 아니고 눈치도 없고 미모가 따라 주는 것도 아니고 리더십이 있는 것도 아니다. 직장에서는 능력 있는 교사도 아니고 탁월하게 뛰어난 학습 지도력이 있는 것도 아니고 연구하는 교사도 아니고 아이들을 재미있게 해 주는 교사도 아니고 그냥저냥 묻혀서 산다.

선생님들의 용기와 희망

오늘은 아이들이 청소하는 모습을 보고 화가 났다. 큰소리를 내고 야단을 치면서도 이렇게밖에 못하나 하는 절망감이 엄습하였다. 게다가 영어 듣기 평가 점수가 학년에서 14등이라니……. 정말 속이 상하고 도대체 무얼 할 수 있을까 하는 의심과 함께 의욕이 퍽퍽 꺾이는 느낌이었다. 그런데 내 마음속에 이런 생각이 자리하고 있음을 발견하였다. '우리 반은 잘해야 하고 당연히 다른 반보다 무엇이든지 잘해야 한다.' 나는 담임으로서 학급 관리를 잘해야 하고 다른 사람들에게 인정받고 싶다는 욕심이 자리하고 있던 것이다. 모든 욕심을 내려놓고 아이들을 있는 그대로 받아들여 보자. 아이들이 가지고 있는 장점을 찾아 칭찬해 주고 격려해 주어야겠다. 끝없이 차오르는 욕심, 언제나 내세우고 있는 '나'라는 아상과 오만함을 이제 그만 떨쳐 버리고 싶다.

수업에 들어가기 전에 항상 심호흡부터 하고 오늘은 마음 상하지 않으리라 굳센 마음을 먹고 수업에 임했다. 그래도 언제나 떠들고 장난치는 아이, 엎드려 잠자는 아이, 하고 싶은 것이 아무것도 없는 의욕 없는 아이들은 나를 슬프게 했다. 때로는 답답함과 분노로 가슴을 두드리기도 했고, 참다 참다 못 참으면 훈계가 줄을 이었고 인격적 모욕(?)까지 서슴지 않았다. 그러나 나의 말과 행동과 마음의 움직임을 면밀하게 지켜보기를 반복하고 난 후 요즘의 수업시간은 다르다. 먼저 아이들을 한심하다고 생각하는 일이 없어졌고, 아이들의 모습을 있는 그대로 받아들이며 어느 정도 감정을 조절할 수 있게 된 것 같다. 그리고 수업시간에도 변화가 생겼다. 더 이상 수업이 지루하거나 힘들다는 느낌이 없어졌다. 아이들이 내게 농담도 하고 보강도 청한다. 이제는 함께 웃으며 수업할 수 있는 마음의 여유도 생겼다. 내 마음을 바꾸니 아이들이 변했다.

아침 출근길에 내 마음을 지켜본다. 복잡한 경계들이 아스라이 지나간다. 한참 멍한 상태로 그 경계들을 고스란히 따라가다 이내 알아차리고 지켜보는 그 주인공에게 맡긴다. 교문을 들어서며 '주인공, 당신이 하는 거지? 난 심부름만 할 뿐이야.'하고 맡기고 들어갔다. 학교에 일찍 도착한 아이들이 어울리며 놀면서 부산하게 움직인다. 내 마음을 살펴보니 밝은 마음이다. 이렇게 내 마음을 자세하게 지켜보니 항상 나에게 뭔가 유리한 방향으로 생각하면서 주인공에게 맡겨 놓았던 것이 생각나 미안한 마음이 든다. 오늘은 경민이의 행동도 비교적 평온한 마음으로 봐 줄 만하다. 개성이 강한 아이들을 강하게 제재하면 오히려 엇박자를 놓는다. 미술 시간에 판화를 하는데 교실 바닥이 난장판이다. 그런데도 다른 날과는 달리 그냥 참을 만하다. 3~4학년 아이들의 불소구강 설명회가 있다며 보건교사 두 분이 오셨다. 어찌할 바를 몰라 하는 눈치다. 가라앉은 아이들을 정돈시키니 일사분란하게 움직인다. 내 마음이 평온하면 아이들도 바로 정돈이 된다.

알겠노라고 대답은 하면서도 마음속에서는 관리자들은 형식에 너무 치우치는 것 아니냐는 반문을 하고 있다. 내가 한 일에 대해 지적받을 때 나 자신을 죽이고 상대와 한마음이 되는 것은 쉬운 일이 아니다. 또한 '나'라는 상이 어느새 빠져나와 나도 모르게 합리화하게 된다. 돌아서서 나를 보니 어처구니가 없다. 별것 아닌 것에 사사건건 걸리는 자신을 보며 '나'라는 생각에서 자유로워지는 것이 진정 끊임없는 길임을 다시 한번 새겨 본다. 상대가 어떻게 생각하든 내가 하는 말과 행동에 대해 반성하고 지켜보는 그 마음자리에 돌려놓으니 자유스럽다. 하나하나 놓치지 않고 지켜볼 일이다.

그 예쁜 눈 같은 벚꽃이 지고 잎이 자라면서 벚꽃은 자연의 섭리를 가르쳐 준다. 시간이 흐르면서 꽃의 아름다움은 퇴색되지만 잎이 나오면서 광합성을 하기에 스스로 양분을 만들어 온몸 구석구석 보낼 수 있게 된다. 우리도 이와 같이 나이가 들면서 젊음의 아름다움 대신 스스로 양분을 만들어 내가 생활하는 공간에서 곳곳으로 보낼 수 있어야 한다.

함께 만들어 갑시다

이 세상은 온갖 꽃이 만발하여 아름답게 어우러진 꽃밭입니다. 그 꽃밭은 여러 가지 꽃나무로 가득 차 있으며, 그 속에서 우리는 모두 제각기 '자기' 혹은 '나' 라는 고정된 실체라고 할 것이 없는 나무에 꽃을 피우는 존재입니다. 나무들은 땅속 깊숙이 뿌리를 내리고 하늘 높이 두 팔을 벌리고 무럭무럭 자라납니다. 세상이 아무리 달라지고 사는 게 점점 힘들다고 하지만 추운 겨울이 가고 봄이 오면 나무에서 꽃이 피어납니다. 그렇습니다. 꽃은 꽃을 피울 수 있는 조건이 마련되기만 하면 피어날 수밖에 없습니다. 이에 관한 이야기를 하나 소개하겠습니다.

> 옛날 어느 산중에 한 도승이 살았는데 그곳 산중의 도적들이 보기에는 도대체 도승으로 보이지를 않았다. 그래서 어느 날 도적들은 그 도승을 시험해 보기로 하고 길목을 지키고 있다가 도승이 나타나자 그 앞을 가로막았다. 그러고는 그중의 우두머리가 칼을 뽑아 들고 나서면서 "비록 네가 도승일지라도 내 칼을 피할 수 있겠느냐? 네 가슴을 찔러 그 속에 뭐가 들었는지 내가 볼 것이다."라며 도승을 위협했다. 그러자 그 도승이 껄껄 웃으면서 되묻기를 "추운 겨울에 고목을 잘라 보았던들 거기서 꽃이 나오더냐?"라고 응수했다. 그리고 그 도적의 우두머리가 아무런 대답을 하지 못하자 "네 마음이 봄이 된다면 꽃이 필 수도 있겠지."라고 한마디를 덧붙이고 가던 길을 유유히 걸어갔다.
>
> -『한마음요전』中에서 -

아이들은 꽃으로 피어날 꽃나무들입니다. 우리나라 아이들이 꽃을 피워야 우리나라가 꽃을 피우게 될 것입니다. 꽃을 피우지 못하는 아이들이 많은 나라에서 어떻게 미래를 기대할 수 있을까요? 그런데도 우리는 현상의 모습에 치우친 나머지 근본적인 문제를 간과하는 경우가 많습니다. 공교육을 둘러싸고 벌어지고 있는 수많은 문제점들의 뿌리도 바로 여기에 있다고 할 수 있을 것입니다. 대행선사께서 말씀하시는 이 간단한 이야기 속에는 우리가 놓치지 말아야 할 중요한 교훈이 들어 있습니다. 그것은 꽃을 피우는 나무속에는 꽃이 아니라 꽃을 피울 수 있는 능력이 들어 있다는 사실입니다. 그리고 그러한 근본적인 능력은 눈에 보이지도 않고 손에 잡히지도 않습니다.

더 많은 황금알을 빼내기 위해서 황금알을 낳는 거위의 배를 가른 농부의 이야기를 우리는 알고 있습니다. 우리도 이와 같은 잘못을 우리 아이들에게 저지르고 있지는 않을까요? 더 많은 계란을 얻기 위하여 좁은 닭장에 닭을 가두고 하루 종일 빛을 쪼여 대는 요즈음 농부의 이야기는 동화가 아닌 현실입니다. 우리도 이와 같은 일을 우리 아이들에게 하고 있지는 않은가요? 무엇이 근본적이고 무엇이 지엽적인 문제일까요?

요즘은 집에서나 학교에서나 사회에서나 나라에서나 아이들을 키우고 가르치기가 정말 어렵습니다. 어느 저명한 소설가 한 분이 가정에서 자기 아이들에게 인정받는 것이 가장 어렵다고 하더군요. 이것은 아이들을 키워 보신 분이라면 아마 거의 모두가 공감할 것입니다. 만약 이것이 부인할 수 없는 현실이라면 우리는 어디서 돌파구를 찾아야 할까요? 경제 발전을 위해 모든 노력을 기울여 온 나머지 우리가 혹시 잃어버린 것은 없을까요? 최소한 우리가 어렸을 때만 해도 자식이 밖에서 싸우고 들어오면 부모는 자기 자식을 나무랐습니다. 그리고 상대방 아이의 집에 가서 용서를 구하였습니다. 오늘날 이것은 완전히 뒤바뀌었습니다. 우리는 맞고 들어오는 자식에게 모든 책임을 질 테니 상대를 때리고 오라고 가르칩니다. 우리가 소중한 무언가를 잃어버린 것은 아닐까요?

어렸을 때 우리 부모님들은 무엇보다 사람이 되라고 가르쳤습니다. 초등학교 교과서에도 된 사람, 난 사람, 든 사람의 이야기가 실려 있었습니다. 요즈음의 우리 부모들은 된 사람이 아니라 난 사람이나 든 사람이 되라고 가르칩니다. 그만큼 시대가 변하고 사람들이 변한 것입니다. 그러나 우리 마음속 깊은 곳에서는 여전히 채워지지 않은 부분이 남아 있습니다. 아무리 경쟁에서 이기고, 경제적으로 보다 윤택한 삶을 산다고 해도 우리 존재의 깊은 내면에서는 무언가를 채우고 싶어 합니다. 그것은 바로 물질계로만 치닫던 우리의 마음과 의식을 뛰어넘어 정신계의 발전과 더불어 온전하게 사는 삶에 대한 갈망인 것입니다.

이제 그동안의 눈부신 경제 발전을 기반으로 G-20의 의장국으로서 회의를 주재하게 된 이 시점에서, 국격을 거론하게 되는 이 시점에서, 우리는 냉철하게 우리의 역사, 문화와 더불어 우리 자신을 깊이 되돌아 볼 때가 되었습니다. 창의력과 생명력이 넘치는 선진국으로 거듭나기 위해서라도 이제 우리는 그 관문을 통과해야 할 것입니다. 개인이든 국가든 자신의 정체성을 뚜렷이 인식하지 못하고 어떻게 다른 사람을 이끌 수 있는 위치에 서게 될까요? 우리가 개발한 '한나무 인성교육 프로그램' 을 실시한 어느 초등학교의 4학년 학생이 노래한 다음의 시를 보면 그 희망을 찾을 수 있다고 확신합니다.

마음

누구에게나 다 있지만
아무도 모르는 마음의 힘

내가 한 일은 돌고 돌아
결국은 나에게 돌아온다네

내 몸속 깊고 깊은 곳에
휑하고도 가득한 생명의 공간
그곳에서 모든 것이 다 나온다네
떨어진 것 같지만 서로 이어진 세계
내가 웃으면 세계가 웃고
내가 울면 세계가 운다

나는 오늘도 내 몸속 깊고 깊은
생명의 공간에서
세상에 둘도 없는 보물을 꺼낸다

이 프로젝트는 한마음과학원에서 10년 전에 우리의 교육에서 면면히 이어져 온 사람 되는 교육의 참뜻을 오늘날의 현실에서 되살려 내고자 하는 선생님들과 연구자들의 마음이 모여 시작되었습니다. 인간의 진정한 삶은 서양의 물질문명 중심의 세계관을 뛰어넘어 정신계와 물질계가 양분되지 않고 발전될 때에 참으로 구현되어 꽃을 피울 수 있다는 믿음으로, 수많은 사람들이 자신의 삶 속에서 끝없는 정진과 실천적 노력을 기울여 이루어 낸 조그만 결실입니다.

이 책은 초등학교에서 인성교육을 보다 근본적인 차원에서 접근할 수 있는 새로운 인성교육 프로그램으로 꾸며졌습니다. 프로그램의 핵심적인 아이디어는 모든 생명체는 본래 꽃을 피울 수 있는 능력이 갖추어져 있다는 것입니다. 이것을 교육 차원에서 생각해 보면, 교사가 해야 할 가장 중요한 역할이 분명해집니다. 그것은 앞서 살펴본 이야기에서와 같이 아이들의 그러한 능력이 드러날 수 있는 조건을 제공하는 것입니다. 그것은 봄이 오면 꽃이 피는 것과 같은 이치입니다. 이러한 근본적인 뜻에 공감하는 분은 누구나 이 책을 활용함으로써 인성교육을 펴 나갈 수 있습니다.

한마음과학원에서 지난 10년에 걸쳐 진행된 인성교육 프로젝트에 많은 분들이 참여하였으며, 둘이 아닌 한마음으로 이 프로젝트가 성공적으로 추진될 수 있도록 마음 내어 주신 모든 분들께 깊이 감사 드립니다. 지면 관계상 모든 분들의 존함을 낱낱이 올려 드리지 못함을 송구스럽게 생각합니다. 다만 이 자리를 빌려 인성교육 프로젝트에 적극적으로 참여하신 모든 분들께 진심으로 감사의 말씀을 전합니다. 아울러 이 책의 출판을 흔쾌히 허락해 주신 학지사 김진환 사장님께 감사드리며 편집 작업에 심혈을 기울여 주신 학지사 김선우 님의 노고에도 깊은 감사의 뜻을 전합니다.

2010년 7월

한마음과학원 기획조정실장

김용환

차 례

PART 1 총 론

PART 2 지도의 실제

PART 01

총 론 01

1. 한나무 인성교육 프로그램

현대사회에서 일반적으로 인성을 개인의 사고와 태도 및 행동 특성을 뜻하는 말로 사용합니다. 그러나 인간은 그러한 개념만으로는 파악될 수 없는 복잡하고 심오한 면을 가지고 있습니다. 지금까지 수많은 동서양의 학문과 종교는 '인간이 지니고 있는 본래의 성품은 무엇인가?' '인간의 한계는 어디까지인가?' 등의 의문을 제기하고, 그에 대한 관점을 제시하여 왔습니다. 이러한 관점은 하나의 공통점을 가지고 있는데, 그것은 인간을 개별적인 소아(小我)의 차원을 넘어 다른 모든 존재와 분리될 수 없는 전체성과 초월성을 지닌 존재로 파악한다는 것입니다. 대표적으로 유교에서 말하는 '성(性)', 기독교의 '영성', 불교에서의 '불성'과 같은 개념을 떠올려 본다면 이 점을 쉽게 알 수 있을 것입니다.

이렇게 볼 때 인성은 크게 두 가지 측면에서 살펴볼 수 있습니다. 하나는 영어의 'personality'와 같이 개인의 독특한 특성의 의미로 이해하는 것이고, 다른 하나는 보편적인 관점에서 사람의 근본 바탕이라는 의미로 이해하는 것입니다. 그런데 여기서 중요한 것은 이 두 가지 관점을 서로 별개의 것으로 인식해서는 안 된다는 것입니다. 그것은 마치 뿌리가 없거나, 뿌리만 있고 줄기도 가지도 없는 나무를 온전한 나무라고 할 수 없는 것과 같습니다. 인성은 개인적 특성과 그것을 가능하게 하는 바탕이 되는 근본이라는 두 가지 측면을 통합하는 안목으로 바라볼 수 있어야 합니다. 이와 같은 방식으로 인성을 이해한다면 인성교육의 근본적인 과제는 그동안 현상적으로 드러난 개인적인 특성과 모습만을 자기 존재로 이해하는 한계에서 벗어나, 그 근본에 대한 인식을 통해 온전한 자신의 참모습을 발현할 수 있도록 돕는 것이라고 할 수 있습니다.

오늘날 우리 사회는 그동안의 사회를 지탱해 온 도덕적 덕목을 구시대의 유물로 취급할 정도로 인간의 삶의 방식이 다양해졌습니다. 하지만 정작 그 다양함 속에서 중심을 잡아 줄 수 있는 가치관과 정체성이 얼마나 우리의 마음속에 자리 잡고 있을까요? 많은 사람들이 뿌리 없이 떠도는 잎처럼 혼란스러운 상황에 직면하고 있지는 않을까요? 이 시대의 현실은 인간에 대한 표면적인 이해를 넘어 보다 깊은 성찰에 근거하여 인성교육의 방향이 설정되기를 요구합니다. 공교육 또한 이러한 현실을 반영하여 '나'를 이해하는 데 자연뿐 아니라 초월적인 존재와의 관계를 단원으로 설정하여 공동체적인 존재로서 '나'를 인식하도록 하고 있습니다. '한나무 인성교육 프로그램'은 이러한 인성에 대한 성찰에 기초하여, 인간으로서의 온전한 나를 이해하여 그 잠재력을 계발하고 주변과 조화롭게 공생하는 인성과 태도를 길러 주는 것을 교육 목표로 정하고 있습니다.

이 프로그램에서는 인간이란 그 자체로 이미 모든 것을 갖추고 있는 존재로 봅니다. 따라서 무엇인가를 배워 완성에 이르는 것이 아니라, 본래 완전함과 자유로움을 온전히 갖춘 '참된 나'를 발현할 수 있도록 돕는 것이 교육의 방향입니다. 그렇기 때문에 이 프로그램은 우리가 무엇 때문에 부자유하게 살고 있는지를 자각하게 함으로써 우리가 얼마나 자유로우며 무한한 가능성을 갖추고 있는지, 어떻게 자유롭게 살아갈 수 있는지를 스스로 이해하고 실천해 볼 수 있도록 구성되어 있습니다. '한나무 인성교육 프로그램'과 관련된 몇 가지 주요 관점은 다음과 같습니다.

인간의 본성은 선하다?

사람은 그 자신이 처한 상황에 따라 선이나 악을 행할 수 있고, 또한 자신의 의도와는 상관없이 상대에게 선과 악으로 판단되기도 합니다. 선과 악은 상대적인 것이며, 그러한 양면성은 모두 한 바탕에서 나옵니다. 그러므로 우리가 주목해야 할 점은 '선이냐? 악이냐?'가 아니라 그 양면을 모두 갖춘 존재로서 자신의 모습을 자각하는 것입니다. 또한 그러한 자신의 모습을 뛰어넘어 선악 이전의 인간 존재의 완전함이 인간의 본성을 이루고 있다는 자각에 이르도록 합니다. 이러한 자각을 통하여 우리는 안팎으로 접하는 선악의 상황에 직면하여 보다 자유롭고, 모두에게 유익한 마음 씀씀이로 생활할 수 있을 것입니다.

인성은 외부의 힘으로 길러진다?

오늘날 실시되고 있는 대부분의 인성교육은 주로 규범적 측면에서 인간으로서 지녀야 할 일반적인 태도나 행위를 설정하고 그것을 형성시키는 교육으로 이해되고 있습니다. 즉, 외부에서 작용을 가하거나 드러난 모습을 바꾸는 것으로 바람직한 인성을 형성시키고자 하는 것입니다. 그러나 다양한 가치관이 공존하는 오늘날,

외부에서 주입된 도덕규범을 내면화하여 이를 실천하도록 하는 접근방법은 그 실효성이 지속되기 어렵습니다. 다만 스스로 모든 것을 갖추고 있고, 전체 생명과 연결되어 있는 존재가 바로 참다운 자신의 모습이라는 것을 자각하게 도와준다면, 주변의 생명들과 조화롭게 살아가는 방법은 스스로 서서히 터득하게 될 것입니다.

인성교육과 창의성 계발 교육은 다르다?

현대사회는 무엇보다 인간의 창의성이 요구되는 시대입니다. 그리고 이러한 능력을 기르기 위한 여러 가지 기법이 개발되어 있어 이로써 학생들을 지도하고 있습니다. 그러나 창의력은 인간의 내면에서 우러나오는 힘입니다. 실제로 창의적인 활동을 하는 사람들 가운데는 무엇인가를 발명하거나 발견할 때 자신의 내면 깊숙한 데서 나오는 목소리에 귀를 기울인다고 하는 사람이 많습니다. 이처럼 자신의 내면에 잠재해 있는 무한한 가능성에 대한 믿음이 전제되지 않는다면 창의성 계발도 항상 표면을 맴도는 수준에 그칠 수밖에 없을 것입니다. 이런 점에서 창의성은 자신이 갖춘 힘을 믿고 이를 발현하고자 하는 인성교육이 바탕이 되어야 실질적으로 계발될 수 있습니다.

교사가 학생에게 인성을 가르친다?

많은 교육 프로그램의 이면에는 '교사는 가르치고 학생은 배운다.'는 교사와 학생의 관계가 암묵적으로 설정되어 있습니다. 특히, 인성교육이라는 것은 보다 완성된 인격체가 아직 어리고 미숙한 이를 이끌어 가는 의미로 받아들이기 쉽습니다. 교사가 아무리 지식과 경험이 많아도 자신의 삶에서 부자유를 느끼며 살아가고 있다면 교사와 학생 모두에게 도움이 되기보다는 형식적인 인성교육에 그치게 됩니다. 그러나 교사 스스로 가르친다는 입장을 내려놓고 자신의 인격 완성을 위하여 배우는 마음을 가진다면 학생과 교사 간에 보이지 않는 배려와 존중이 형성되고 그로 인해 교실은 꽃향기 그윽한 공간이 될 것입니다. 인격의 완성이라는 동일한 목표 앞에서 교사와 학생은 서로가 본래의 성품을 일깨워 주고 자각하도록 도와주는 관계로 발전하게 됩니다. 나를 완성해 나가는 길에서 진실로 누가 과연 스승이라 할 수 있을까요?

2. 프로그램 목표

이 프로그램의 핵심 개념은 생명공동체입니다. 박테리아 같은 미물도 하나의 생명체이며, 그 속에는 온 우주의 생명력이 살아 움직이고 있습니다. 이와 같은 평범한 진실을 우리는 잊어버리고 삽니다. 그만큼 우리는 생명의 존엄성, 우리 존재의 무한한 생명에너지를 망각하고 살아가는 것입니다. 이 프로그램에서는 우리 존재와 생명공동체에 대한 인식을 새롭게 하여 창조적이고 생동감 넘치는 삶을 살아갈 수 있도록 다음과 같은 목표를 설정하고 있습니다.

- 이 세상은 하나의 생명공동체이며 그 흐름 속에 나도 하나의 생명공동체로서 존재함을 인식할 수 있다.
- 나와 내 주변을 변화시킬 수 있는 힘이 내 안에 갖추어져 있음을 알고 이를 계발할 수 있다.
- 생명공동체의 일원으로서 온 세상과 더불어 조화롭게 살아가려는 실천력과 태도를 기를 수 있다.

3. 프로그램 구성

프로그램의 각 목표에 따라 3단계로 구성되어 있습니다. 1단계에서는 생명공동체로서의 '나'를 살펴보도록 합니다. '나'는 개별적인 존재가 아니라 공동체의 일부로서 서로 주고받는 관계로 살아가고 있으며 그 관계를 움직이는 마음에 대해 이해할 수 있도록 합니다. 2단계에서는 생명공동체의 소통 통로이자 무한한 힘을 갖춘 마음의 근원이 자신의 내면에 있음을 알아봅니다. 3단계에서는 스스로가 갖추고 있는 내면의 힘에 근거하여, 생활 속에서 현재 자신의 모습을 성찰하고 발전시켜 나가는 실천을 하게 됩니다.

단계	단계별 목표	중심 내용
1 숲을 보는 이, 나무를 보는 이	• 시야를 넓혀 세상을 바라보려는 마음을 갖는다. • 모든 존재가 같은 요소로 이루어진 하나의 생명공동체임을 파악한다. • 너와 나를 움직이는 것이 마음임을 자각한다.	**이게 뭐지** 세상을 보는 자신의 시각에 의문 갖기
		무엇의 일부일까 부분과 전체로서 주변 공간 바라보기
		이유가 있을 거야 상대를 배려하며 주변 상황 이해하기
		다른 존재는 세상을 어떻게 볼까 주변의 존재에서 생명을 느껴 보기
		사과야, 너는 어디서 왔니 존재는 무엇으로 이루어졌는지 살펴보기
		마음이란 무엇일까 너와 나를 움직이는 마음 자각하기
2 마음의 힘	• 마음의 법칙으로 나와 주위의 현상을 재인식한다. • 나와 너를 변화시키는 무한한 힘이 내면에 있음을 자각한다. • 내면의 힘이 무엇인지 이해한다.	**마음의 법칙 1** 모두가 마음으로 연결되어 있다
		마음의 법칙 2 마음은 쓰는 대로 나온다
		마음의 법칙 3 마음은 언제든지 바꿀 수 있다
		마음의 법칙 4 마음 내는 대로 이루어진다
		마음의 근원을 찾아서 내 안에 마음의 근원이 있다
		진짜 마음, 가짜 마음 모든 마음을 들이고 내는 근원이 진짜 마음
		'주인공' 제품설명서 2단계 활동 정리하기
3 변화하는 나	• 마음을 다스리는 방법을 안다. • 실천을 통해 자신을 변화시킨다. • 너와 나를 살리는 공생의 마음을 갖는다.	**마음 다스리기** 나의 마음 다스리기
		마음일기 나의 실천 점검하기
		공생의 마음 너와 나를 살리는 마음 내기
		실천 돌아보기 나의 마음공부 돌아보기

4. 교재 활용방법

- 프로그램에 제시된 각 차시의 활동은 학생들의 반응과 활동 수준에 따라 제시된 시간보다 더 소요될 수 있습니다. 도입이나 전개 내용이 서로 연결되어 있지만 분산해서 진행해도 무리가 없으므로 교사는 교실 상황에 따라 내용이나 시간을 재구성하여 사용할 수 있습니다.
- 교사가 활동안을 재구성할 때 도움이 될 수 있는 자료를 '교사 자료실'에 제시하였습니다.
- 각 차시 '활동 전개'에서 ⓘ 아이콘으로 제시된 내용은 수업을 전개하면서 교사가 사용할 수 있는 질문들과 그에 대한 답변이니 진행에 따라 적절하게 활용하면 됩니다.
- 〈학생용 워크북〉을 활용하면 프로그램을 보다 원활하게 진행할 수 있습니다.
- 프로그램 실시 전후에 간단하게 자신의 변화를 파악해 볼 수 있는 설문지를 활동지 형식으로 추가하였습니다. 교사의 판단에 따라 내용을 가감하여 활용하면 교사와 학생의 교육활동 평가 자료가 될 수 있습니다.
- 영상자료는 한나무 인성교육 프로그램 사이트(http://www.hannamu.org)를 통해 사용할 수 있습니다.

5. 프로그램 진행 시 유의점

단시간 내에 결과를 얻으려고 하지 않습니다

인성 프로그램을 진행하는 교사가 가장 쉽게 경험하는 좌절감은 학생들의 변화를 느낄 수 없다고 속단하는 것입니다. 그러다 보면 은연중에 학생들을 다그치게 되는데 이는 교사와 학생 사이의 신뢰감을 떨어뜨리고 자발성을 요구하는 마음공부에 대해서 부정적인 인식을 갖게 할 수 있습니다. 어려울 때일수록 좀 더 호흡을

길게 하여 지금 당장이 아니더라도 언젠가는 함께 공부한 내용이 학생들의 삶에 도움이 될 것이라는 교사의 믿음이 중요합니다.

학교 교육과정 전반에 마음공부를 적용합니다

인성교육을 특정한 수업 시간에 실시하는 차원이 아니라 전체 교육활동의 원리로 바라볼 수 있어야 합니다. 학생들로 하여금 자신이 가지고 있는 무한한 가능성에 근거하여 교과 학습, 재량과 특별활동 등에 참여할 수 있도록 계속해서 일깨워 주어야 합니다. 이는 구체적인 실제 상황에 적용하고 실천해 볼 수 있는 장을 마련해 주는 것으로 이러한 과정을 통해 학생들의 내면화가 이루어질 수 있습니다.

실천과정에서 교사 자신과 학생에게 시행착오의 기회를 제공합니다

아는 것이 자신의 행동 양식으로 자리 잡기까지는 꾸준한 실천이 필요합니다. 사랑을 머리에서 가슴으로 끌어내리는 데 한평생을 바쳤다는 분들도 있습니다. 그만큼 인간의 내면에는 수많은 의식이 있기 때문에 스스로를 관찰하면서 마음을 다스리기가 쉽지 않습니다. 교사 자신과 학생들이 겪는 시행착오를 긍정할 수 있어야 합니다.

교사 스스로 학생들과 마음으로 교류하며 배워 나갑니다

한나무 인성교육 프로그램에서 교류의 방법은 마음과 마음의 통신입니다. 교사는 자신의 마음 상태에 따라 그날 학생들의 생활 태도가 달라진다는 사실을 자주 경험합니다. 또한 교사 스스로 인간이 갖추고 있는 힘에 대한 믿음이 없다면 아무리 잘 가르친 수업이라도 학생들의 내면과 소통하기는 어렵습니다. 수업 내용이 학생들에게 전달이 안 된 느낌이 든다면 자신의 마음을 먼저 살펴보아야 합니다. 바로 그곳에 답이 있습니다. 프로그램을 진행할 때뿐만 아니라 학급 운영 전반에서 학생들에게 지시, 질책 등의 말보다는 마음의 소통을 통해 풀어 가다 보면 교육활동이 보다 원만하게 이루어짐을 느낄 수 있을 것입니다.

학부모와의 공감과 소통이 필요합니다

학생의 인성에 영향을 미치는 것은 부모, 교사 그리고 자기 자신입니다. 학교에서 아무리 교사와 학생이 공감했던 내용이라 하더라도 가정으로 돌아가면 그 뜻이 무산되어 버리는 경우도 있습니다. 따라서 학부모가 교사의 교육활동에 협조하여 학교에서의 실천과 가정에서의 실천이 괴리되지 않도록 연계할 수 있는 방법이 필요합니다. 학년 초 학부모와의 만남이나 월 1회 모임 또는 가정통신문 등을 통해 인성교육의 뜻을 알려서 학생들이 어느 공간에 있든지 내적으로 혼란을 덜 겪도록 배려하는 것이 중요합니다. 학생의 내면에서 일어난 조그만 변화가 그 가정을 살릴 수도 있습니다.

6. 교육활동 평가

인성교육을 실시하면서 눈에 보이는 결과물을 쉽게 얻을 수는 없습니다. 그러나 인성교육의 실시와 더불어 아동에게 일어나는 미묘한 변화를 세밀하게 살펴볼 수 있다면, 다음 해의 프로그램을 재구성하거나 지도방법에 대한 자료를 얻는 데 도움이 될 것입니다. 교육활동 중 학생들이 보이는 언행은 때로 교사에게 인정받고 싶어 하는 마음과 결부될 수 있기 때문에 조심스럽게 평가할 필요가 있습니다.

학생 평가

- 학생은 자신의 내면의 힘을 얼마만큼 신뢰하는가?
- 학생의 사고와 행동에 변화가 있는가?
- 공생(공동체)의 마음으로 주변을 인식하려고 하는가?

교사 평가

- 프로그램을 진행할 때 가르치려 하지는 않았는가?
- 학교 상황에 맞게 재구성하여 실시하였는가?
- 교육과정 전반에 걸쳐 학생이 활동 내용을 적용할 수 있도록 기회를 주었는가?
- 내면의 힘을 믿고 나 자신을 변화시키려는 시도를 하였는가?

7. 학부모 수업참관 소감

이 프로그램은 지난 5년간 실제로 초등학교에서 프로그램 제작에 참여한 교사들이 직접 실시하고 수정 · 보완한 것입니다. 다음은 학부모 참관수업 때 이 프로그램의 한 차시를 함께했던 학부모님들의 소감입니다.

수업참관 소감 1

먼저 아이들 공부 가르치시기도 바쁜데 애써 주시고 수고해 주신 선생님께 감사드립니다. 수업 내용은 대체로 아이들이 잘 이해하고 있습니다. 선생님 질문에 손들고 답하는 아이들, 발표도 한 사람씩 잘하더군요. 아이들의 눈높이에서 내가 중심이 되어 올바른 삶을 산다는 내용은 어른들도 하기 힘든 이야기를 아이들이 한다는 것이 수준 높았습니다. 특히, 선생님께서 답이 틀려도 틀렸다고 하지 않고 아이의 발표력과 기를 살려 주신 것, 아이도 창피해하지 않고 즐겁게 자리에 앉고…… 모든 것 좋았습니다. '내 마음은 내가 마음먹은 대로 쓰이고 있다.'는 선생님의 말씀은 스스로를 돌아보게 합니다.

수업참관 소감 2

그동안 공개수업을 참관해 보았는데, 이번 수업은 무척 인상적이었습니다. 일방적인 주입식 교육방법에서 탈피한, 무엇보다도 아이들에게 중요한 인성교육이 자연스러운 접근 방법으로 아이들의 마음에 받아들일 수 있었다고 생각됩니다. 단기적으로는 큰 교육적 효과를 얻지 못할지도 모르지만, 장기적으로 볼 때 아이들에게는 그 어떤 과목보다도 중요한 교육이라 생각됩니다. 저의 사적인 견해로는 이런 시간이 아이들에게 꾸준히 주어질 수 있다면 좋겠습니다. 아이들도 수업에 적극적으로 반응하고, 흥미를 가지고 임했습니다. 이 수업에 애써 주신 선생님께 감사 드립니다.

수업참관 소감 3

'마음법칙 3- 마음은 내가 쓰기에 달려 있다.'

아이들에게 많은 생각을 할 수 있게 해 주는 시간이었다고 생각합니다. 아이들이 이것을 충분히 잘 받아들일 수 있을까? 나 자신도 조금은 어렵다고 생각했기에 그런 의구심이 있었지만, 세상을 살아가는 데 있어서 혹은 자신의 삶을 결정하는 데 있어서 언젠가는 이 시간의 선생님의 소중한 가르침을 기억하며 삶의 지표가 될 것이라 생각했습니다. 많이 생각할 수 있는 아이들로 자라 주기를 바라는 학부모로서 선생님의 가르침 하나하나가 아이들에게 그대로 전달되어 주기를 바랍니다. 감사합니다.

8. 교사 진행 사례

〈사례 1〉 "급속도로 변해 가는 교육 현장! 나는 무엇을 하나?"

영어, 컴퓨터, 토론, 논술 모든 것을 척척 해내는 아이들, 칭찬을 해 주어야 할지 어리둥절하기만 할 때, 능력은 점점 좋아지는데 아이들의 인성은 반비례적으로 각박해져만 가는 걸 보면서 걱정스러운 마음에 발을 동동 구를 때가 한두 번이 아니었다.

교재와 과정이 초보자도 충분히 소화하고 적용할 수 있었기에 감사하며 즐거운 마음으로 실행하였다. 소리를 지르며 대책 없이 행동하던 아이들이 차분해졌고, 친구를 위하는 마음이 싹텄으며, 서로를 이해해 주고 어려운 일에는 앞장설 줄 아는 마음이 생겨났다.

모든 것을 완벽하게 하라고만 요구하던 나도 이제는 여유로운 눈빛으로 아이들을 바라볼 줄 알게 되었고, 아이들과 마음을 나누며 생활하고 있다.

〈사례 2〉 "학교, 학급 상황에 맞추어 인성교육을!"

사실 전에도 나름대로 인성교육을 해 오기는 했으나 체계가 없어 아쉬웠다. 그러다가 이 프로그램에 참여하게 되었는데, 진도에 맞춰 시간표대로 수업하는 고지식한 습관 때문인지 인성교육을 따로 할 시간을 내기가 어려웠다. 어정쩡하게 1학기를 보낸 후 인성교육에 대한 방법을 다르게 하였다. 수업 시작 직전에 짧은 시간 동안 내면의 용광로에 떠오르는 모든 생각을 던져 넣는 것과 내면에 무한한 에너지가 있음을 믿고 그 힘을 끌어 쓰는 것 두 가지만 꾸준하게 하였다. 그리고 이 교재의 다른 내용은 교과서 내용에 관련된 부분이 나오면 그것과 연계하여 지도하였다. 아이들은 이 짧은 시간을 좋아했고 나름대로 효과를 얻을 수 있었다.

첫째, 조금 전까지만 해도 야단법석이던 아이들이 눈에 띄게 차분해졌다. 그야말로 즉효를 느낄 수 있다. 둘째, 이 짧은 시간 후에 이루어지는 수업에서 아이들이 집중하는 것을 느낄 수 있었다. 셋째, 가족이나 친구, 교사를 대하는 태도가 유순해졌다. 많은 아이들이 이 시간을 통해 짜증을 덜 내게 되었다고 말했다. 넷째, 나누는 마음과 다른 사람을 배려하는 마음이 커졌다. 모든 생명은 하나의 근본에서 나왔기에 알고 보면 모두가 '나'라는 이야기를 자주 했었는데, 실제 생활에서 다른 반 친구들까지 배려해 주는 모습을 보여 주었다. 다섯째, 아이들이 이 시간을 좋아한다는 것이다. 처음보다는 시간이 흐를수록 그 마음이 커졌다. 올해 '학교 교육 반성 설문지'에 압도적으로 많은 아이들이 재량 시간에 인성교육을 해 달라고 해서 나를 놀라게 했다.

〈사례 3〉 "아이들의 마음과 내 마음이 소통되어야!"

처음에는 프로그램의 성격을 잘 파악하지 못하고 프로그램 자체만 운영하다 보니 예상치 못한 모습을 보고 어리둥절해하며 실망한 부분이 많았다. 어쨌든 포기하지 않고 일 년 동안 진행하면서 몇 가지 사실을 알게 되었다.

하나는 아이들의 마음을 이해하고 하나가 되는 것이 정말 중요하다는 것이다. 프로그램을 실시하면 아이들은 처음에는 호기심 때문에 이 수업을 좋아한다. 그러나 그 호기심은 한순간이고, 눈에 보이지 않는 마음을 이해하면서 마음을 다스려 가는 실천과정에서 정말 힘들어했다. 누구나 자기도 모르고 있던 내면의 힘을 끌어낸다는 것은 어려운 일인데, 나는 아이들이 금방 해내야 한다고 생각했었다.

다른 하나는 교사와 아이들은 마음으로 통하기 때문에 서로 힘들 때 그 감정을 공유한다는 것이다. 아이들이 실천과정에서 어려워할 때 나 또한 계속 진행하는 것이 힘들었다. 이때 교사가 자신의 마음을 잘 다스려야 한다. 교사가 확신을 가지고 말이 아닌 마음으로 다가서면 아이들은 금방 교사의 마음과 하나가 된다. 처음에 몇몇 아이들과의 교감에 그치던 것이 나중에는 많은 아이들과 함께 나누게 되었다. 올해 특별지도를 바랐던 아이가 "난 선생님이 좋아요."라고 했을 때 교사로서 보람을 느낄 수 있었다.

PART 02

지도의 실제 02

1 단계 숲을 보는 이, 나무를 보는 이

우리는 매 순간 자기 앞에 펼쳐지는 현상을 보고 들으며 판단하고 행동하게 됩니다. 너무나 자연스럽고 일상적인 그 과정 속에는 우리가 만든 세상을 비추는 틀이 숨어 있습니다. 그 틀은 어떠한 상황에서도 비슷한 형태의 결정과 행동을 하게 하면서 우리의 삶을 고정되게 묶어 놓습니다. 우리가 직접 만든 그 틀을 우리는 '나의 개성' 혹은 '다른 사람과 구별 지을 수 있는 나의 모습'이라고 부릅니다.

그러한 틀을 통해 드러나는 세상은 나를 중심으로 하여 대립하고 있는 수많은 다른 존재들로 가득 차 있습니다. 내가 만든 그 틀이 곧 나의 정체성이자 나의 모습이기 때문에 나는 그것에 대하여 조금도 의심하지 않습니다. 오히려 그것을 지키고 견고하게 만들기 위해 항상 긴장해야 합니다. 삶은 늘 불안정하며 마음의 평화는 먼 나라 이야기가 됩니다.

이것이 과연 삶의 진정한 모습일까요? 잠시라도 그러한 관념들을 내려놓으면 전혀 다른 세상이 보입니다. 부분과 부분이 합쳐져 하나의 전체를 이루고 그 하나는 다시 무엇인가의 일부가 되면서 온 우주가 끝없이 펼쳐집니다. 이러한 우주적 차원에서 보면 나라는 존재는 한 톨의 먼지에 불과합니다. 그러나 또 다른 차원에서 보면 나는 내 속에 헤아릴 수 없는 생명들이 모여 하나의 전체를 이루고 있는 소우주입니다. 모두가 차원은 각기 다르지만 같은 물질들로 형상을 이루고, 그 형상은 마음으로 움직이며 살아가고 있습니다. 이 세계는 수많은 생명들이 차원에 따라 모였다 흩어지고 다시 모여 주고받으면서 순환하는 끝없는 생명의 흐름이며 거대한 생명공동체인 것입니다.

이러한 생명공동체의 흐름에 마음을 내맡겨 봅시다. 내맡기는 만큼 어떤 고정된 모습으로 존재하려고 애쓰는 것이 고통스러운 일이라는 것을 느낄 수 있습니다. 틀을 놓아 가는 만큼 다른 사람들과 생명을 존중하는 마음으로 살아가는 풍요로운 존재가 되어 갈 것입니다.

우리는 흔히 나무뿐 아니라 숲까지 볼 줄 아는 사람이 되기 위해 많은 것을 배우고 채우려고 하지만, 정작 숲을 보는 방법은 밖이 아닌 내 안에 자리하고 있는 이 틀을 부수는 것임을 자각하는 데서 시작됩니다.

1단계는 이러한 인식의 변화에 도움이 될 수 있는 내용으로 차시가 구성되어 있습니다. 그러나 공동체로서의 나의 존재를 자각하고 그렇게 살아가는 것은 쉽지 않습니다. 그러므로 아동들에게 무리한 이해와 실천을 요구하기보다는 '이렇게도 생각해 볼 수 있지 않을까?'와 같은 문제 제기 방식의 접근이 바람직합니다. 그리고 아동들이 스스로 느끼고 체험할 수 있는 기회를 가능한 한 많이 제공하는 것이 좋습니다. 실제 학교에서 인성교육을 실시하고 있는 교사들은 이 단계에서 단지 호기심과 흥미만 불러일으켜도 아동들이 주변의 대상을 한결 열린 마음으로 대하는 것을 볼 수 있다고 이야기합니다. 1단계의 세부 목표는 다음과 같습니다.

- 좀 더 넓은 시야로 세상을 바라보려는 마음을 갖는다.
- 모든 존재가 같은 물질로 이루어진 하나의 생명공동체임을 파악한다.
- 너와 나를 움직이는 것이 마음임을 자각한다.

차시 구성

차시 제목	활동 목표	활동 내용
이게 뭐지	• 우리가 같은 대상을 서로 다르게 이해하는 이유를 생각해 볼 수 있다.	• 대상이 다르게 보이는 현상 경험하기 • 같은 대상을 서로 다르게 이해하는 이유 생각해 보기
무엇의 일부일까	• 부분과 전체의 관계로 주변 공간을 바라볼 수 있다.	• 다음 장면을 상상하여 말하기 • 사물의 입장이 되어 공간 확대해 보기 • 공간 확대 그림 그리기
이유가 있을 거야	• 상대방의 입장을 배려하며 주변의 상황을 이해할 수 있다.	• 용만이와 동엽이의 갈등 이해하기 • 사람들과 조화롭게 살아가는 방법 찾아보기 • 약속 정하기
다른 존재는 세상을 어떻게 볼까	• 주변에 있는 다른 생명의 존재를 느껴 볼 수 있다.	• 상상하여 발표하기 • 개구리의 상담가가 되어 보기 • 상담 내용과 소감 발표하기
사과야, 너는 어디서 왔니	• 주위의 존재들이 무엇으로 이루어졌는지 살펴볼 수 있다.	• 사과에 대해 관심 갖기 • 사과가 존재하기까지의 과정 거슬러 올라가기 • 다른 존재들이 무엇으로 이루어졌는지 생각해 보기
마음이란 무엇일까	• 너와 나를 움직이는 마음에 대해 생각해 볼 수 있다.	• 예화 속에 숨어 있는 마음 찾기 • '마음 장터' 놀이 • 주변에서 마음 찾기

1. 이게 뭐지

활동 목표: 우리가 같은 대상을 서로 다르게 이해하는 이유에 대해 생각해 볼 수 있다.

나의 참모습을 알아가려면 먼저 내가 세상을 어떻게 보고 있는지에 대한 자각이 필요하다. 이를 위해 자신이 보지 못하는 것들이 있다는 사실과 같은 대상에 대해서도 나와 친구들이 서로 다르게 이해하게 되는 이유를 생각해 보게 함으로써 인식의 틀이 존재한다는 것을 알게 한다.

이번 차시에서는 착시 현상과 예화를 통해 인식의 틀을 고정관념이라는 개념으로 제시하여 아동의 이해를 돕는다.

활동 자료: 〈사진〉 마이크로 세계

〈예화〉 '거지와 황금'

〈활동지〉 1-1-1

1-1-2

1-1-3

1-1-4

활동 과정

과정	내용	자료 및 유의점
도입 (5)	▶ 사진자료 보며 생각 나누기 제시된 마이크로 세계의 장면을 유추해 보면서 자신이 세상을 어떻게 바라보고 있는지에 대해 관심을 갖게 한다. ▶ 학습 문제 나는 주변을 어떻게 이해하고 있을까?	• 학습 문제는 교실 상황에 따라 적절한 문장으로 제시한다. ㉕ 강아지에 대해 영선이와 내가 다르게 생각하는 이유는 무엇일까? • 사진자료 '마이크로 세계'
전개 (20)	▶ 대상이 다르게 보이는 현상 경험하기 활동지(1-1-2)에 제시된 착시 현상 자료를 보고 대상이 다르게 보이는 이유를 생각해 본다. ▶ 같은 대상을 서로 다르게 이해하는 이유 생각해 보기 예화 '거지와 황금'에 관한 활동지(1-1-3)를 읽고 대상을 서로 다르게 이해하는 이유와 고정관념에 대해 알아본다.	• 내가 보는 것이 다른 사람이 보는 것과 다를 수 있다는 것을 알 수 있도록 한다. • 질문에 대해 아동 스스로 충분히 생각해 볼 수 있는 시간을 준다. • 착시 현상 자료 • 활동지(1-1-2, 1-1-3)
정리 (15)	▶ 활동 소감 발표하기 자신의 활동 소감을 표현해 보고 이를 친구들과 나눈다.	• 활동지(1-1-4)

* 이 프로그램을 시작하기 전에 설문지(활동지 1-1-1)를 먼저 작성하도록 안내합니다.

활동 전개

도입 (5분)

▶ **사진자료 보며 생각 나누기**

사진자료를 제시하고 무엇이라고 생각하는지 학생들의 이야기를 들어 보면서 학습 문제를 이끌어 낸다.

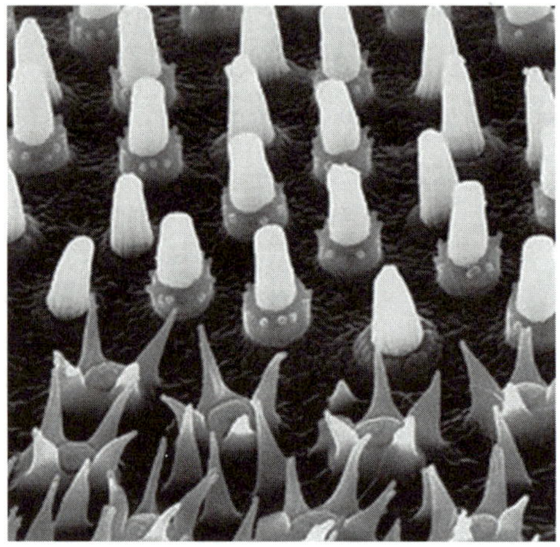

마이크로 세계

ⓣ 이것은 칠성무당벌레의 촉각을 2,000배로 확대하여 촬영한 사진입니다. 우리 눈으로 쉽게 볼 수 없는 것을 사진으로 보니 어떤 생각이 드나요?

ⓣ 이 세상에는 우리의 눈, 귀, 코 등으로 감지하기 어려운 것들이 많이 존재합니다. 내가 보지 못하고 듣지 못한다고 해서 존재하지 않는다고 할 수는 없겠지요. 우리가 눈으로 보고 귀로 들을 수 있는 것들은 제대로 보고 잘 듣고 있을까요? 또 같은 사진에 대해서 친구와 나는 왜 다르게 보는 것일까요? 이번 시간에는 우리가 주변의 것들을 어떻게 이해하면서 살고 있는지 알아봅시다.

▶ **학습 문제: 나는 주변을 어떻게 이해하고 있을까?**

전개 (20분)

▶ **대상이 다르게 보이는 현상 경험하기**

활동지(1-1-2)에 있는 착시 현상 자료를 보면서 이야기를 나누는 전체 활동을 한다.

ⓘ 흰색 점은 몇 개가 있나요? 검은색 점의 개수도 세어 보세요. 점은 모두 몇 개인가요?

ⓘ 하나의 형상이 다른 형상으로도 보이는 이유는 무엇일까요?

ⓘ 왜 친구가 보는 것을 내가 보지 못하거나 내가 보는 것을 다른 친구가 보지 못하는 현상이 생기게 될까요?

ⓘ 착시 현상을 보면서 무슨 생각을 하게 되었나요? 내가 눈으로 본 것이 항상 옳다고 주장할 수 있을까요?

▶ 같은 대상을 서로 다르게 이해하는 이유 생각해 보기

학생들이 활동지(1-1-3)에 제시된 예화를 읽고 자신의 생각을 정리한 후, 전체 활동을 통해 서로의 의견을 나눈다.

ⓘ 우리가 지금처럼 말하고 움직이는 일상생활 속에서도 착시 현상처럼 사물이나 대상을 다르게 이해하는 경우가 있을까요? 활동지에 제시된 예화 '거지와 황금'을 잘 읽어 보세요.

ⓘ 예화를 읽고 나서 어떤 생각을 하였나요?

ⓘ 거지와 행인의 생각의 차이점은 무엇인가요?

ⓘ 두 사람은 똑같은 상자에 대해 왜 서로 다른 생각을 하였을까요?

ⓘ 우리가 똑같은 대상을 보아도 다르게 이해하는 이유는 그 대상을 볼 때 자신이 언젠가 경험했을 때 느꼈던 그대로 받아들이기 때문입니다. 예를 들어, 처음 먹은 사과가 아주 달았다면 그다음에 사과를 볼 때도 사과는 달

30년 동안 길가에 앉아서 구걸을 해 온 거지가 여느 날과 마찬가지로 "한 푼만 주십시오."라고 나지막이 중얼거렸습니다. 거지가 내민 낡은 야구 모자 속으로 가끔씩 동전이 떨어졌습니다. 한 행인이 지나가다가 거지에게 말했습니다.

"난 가진 게 아무것도 없으니 적선도 할 수가 없구려. 그런데 당신이 걸터앉은 건 뭐요?"

"그냥 낡은 상자요. 옛날부터 이 상자에 쭉 앉아 있었소."

행인은 상자를 가리키며 말했습니다.

"한 번만이라도 그 상자 안을 들여다본 적이 있소?"

"그건 봐서 뭘 해요? 그 안에는 아무것도 없어요."

"그러지 말고 안을 한 번 들여다보세요."

행인이 다그치자 거지는 마지못해 상자 뚜껑을 열었습니다. 그런데 이게 웬일일까요? 그 상자 안에는 놀랍게도 황금이 가득 차 있는 것이었습니다.

– 『지금 이 순간을 살아라』 中 –

다고 생각하게 됩니다. 그러나 실제로 두 번째 먹은 사과는 전혀 달지 않을 수도 있습니다. 사람들은 자신이 경험해서 알게 된 사실이 상황에 따라 달라질 수 있다는 생각을 하기보다는 변하지 않는 고정된 사실이라고 단정해 버리는 경우가 많습니다. 이렇게 자신의 어떤 생각이 변하지 않는 사실이라고 여기는 것을 '고정관념'이라고 합니다. 거지가 상자에 대해 갖고 있었던 고정관념은 거지의 삶에 어떤 영향을 주었나요? 또한 고정관념은 우리의 생활에 어떤 영향을 줄까요?

정리 (15분)

▶ 활동 소감 발표하기

활동지(1-1-4)를 작성하면서 자신의 활동 소감을 표현해 보고, 다른 친구들의 소감을 들어 보는 시간을 갖는다.

교사 자료실

'마이크로 세계' 자료 설명

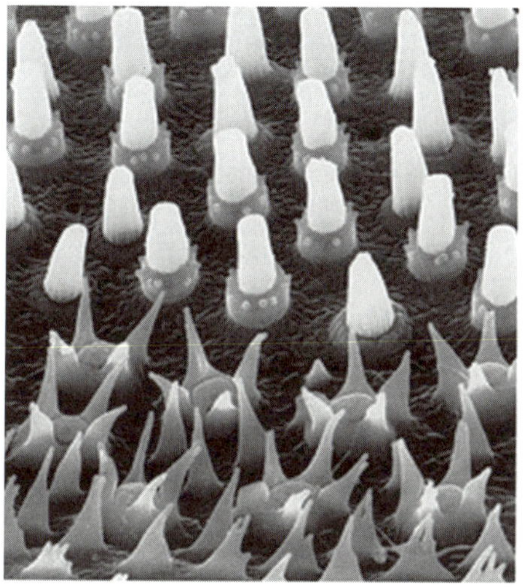

희생

마치 촛불 같아 보인다. 아래쪽에는 녹아서 불이 꺼진 촛불 같아 보이지만, 사실은 칠성무당벌레의 촉각을 전자현미경으로 찍은 작품이다. 촉각을 확대하면 다양한 형태의 돌기를 관찰할 수 있다. 2000배의 배율로 촬영했다.

인간의 감각과 착시 현상

ⓘ '활동 전개'의 첫 번째 자료인 점에 대한 착시 현상의 경우는 빛의 자극이 제거된 후에도 시각기관에 어떤 흥분 상태가 지속되어 시각 작용이 잠시 남는 잔상(殘像) 현상이다. 또 젊은 여인의 형상이 할머니로도 보이는 등 하나의 형상이 다르게도 보이는 것은 무엇인가 빠진 부분이 있다든지 일부분이 부정확하게 표현된 정보가 개인의 기억과 만나게 되면 그것과 비슷한 어떤 것으로 인식되기 때문이다.

ⓘ 인간은 감각기관에서 수용하는 정보를 그대로 받아들이는 것이 아니라 주위의 상황, 누적되고 학습된 경험 또는 기억이라는 필터를 거쳐 정보를 자각하게 된다. 결국 각각의 내면에 자리하고 있는 의식에 의해 대상은 변형되고 사람마다 서로 다르게 이해된다.

ⓘ 우리의 모든 감각은 지각에 이르는 과정에서 그때의 상황과 맞물려지면서 추위를 느끼지 못한다든지, 큰 소리를 지각하지 못한다든지 하는 착각을 일으키게 되는데, 착시 현상은 이 중 시각과 관련된 것이라고 할 수 있다.

착시 현상 그림자료 및 설명

① 가운데 점을 보고 있으면 주위의 어두운 색이 없어진다.

② 오른쪽을 향한 검은색 화살표와 왼쪽을 향한 흰색 화살표가 있다.

③ 그림 속에 있는 사물을 제외한 공간을 연결하면 태아의 모습이 보인다.

④ 젊은 여자와 할머니의 모습을 모두 볼 수 있다.

⑤ 3개의 막대 길이가 모두 같다.

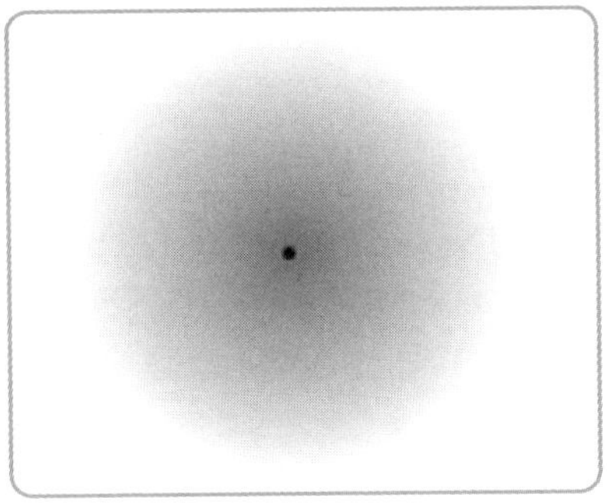

①

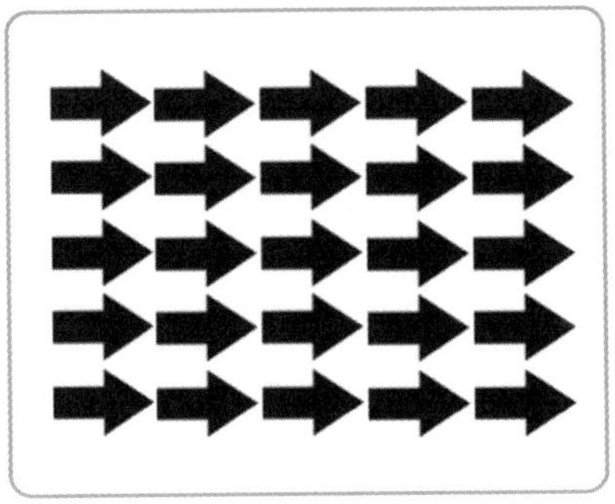

②

③

④

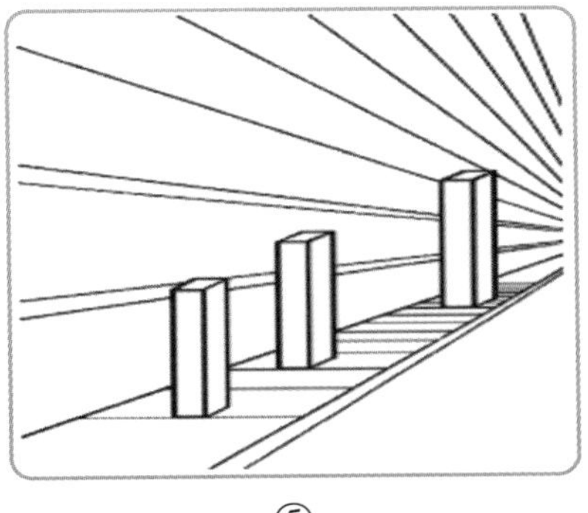

⑤

[도움 활동지]

날아라 풍선아

내가 알고 있는 것이 항상 변하지 않는 사실이라고 고집하는 마음으로 사물을 판단하는 것을 '고정관념'이라고 합니다. 나의 고정관념 중에서 바꾸고 싶은 것을 글이나 그림으로 표현하여 풍선에 실어 날려 보세요.

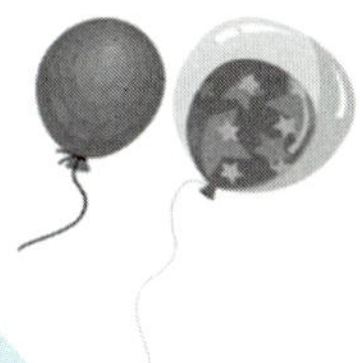

[도움 활동지]

좋아해? 싫어해?

학교에서 매일 공부하는 교과, 좋아해? 싫어해?

★ 나는 (　　　　　) 교과가 좋아. 왜냐고?

★ 이 교과를 싫어하는 친구의 생각이 바뀔 수 있도록 뭔가 도움을 줄 수 있는 말을 써 보세요.

★ 나는 (　　　　　) 교과가 싫어. 왜냐고?

★ 만약 이 교과를 싫어하지 않게 된다면 나에게 어떤 변화가 생길까요?

★ 이 교과를 싫어하지 않을 방법은 없을까요? 나의 생각을 어떻게 바꿀 수 있을까요?

[설문지 - 고학년용]

학년 반 번 이름: ____________

현재 나는 어떤 모습이라고 생각하나요? (그렇다 ○ / 보통이다 △ / 아니다 ×)

1. 아름다운 마음을 지닌 사람이다. ( )
2. 화를 잘 내지 않는다. ( )
3. 해야 할 일을 미루지 않고 한다. ( )
4. 친구들과 다정하게 지내는 편이다. ( )
5. 날마다 사는 것이 즐겁게 느껴진다. ( )
6. 가족들은 모두 나를 좋아한다. ( )
7. 학교생활은 어렵기도 하지만 배우는 것이 많아 좋다. ( )
8. 다른 사람들 앞에서 말하는 것이 좋다. ( )
9. 스트레스를 잘 받지 않는 편이다. ( )
10. 내 주변에는 훌륭한 사람, 본받고 싶은 사람이 있다. ( )
11. 다른 사람에게 기대기보다는 어떤 일이든 스스로 해결하려고 노력한다. ( )
12. 다른 사람에 대해 칭찬을 잘 하는 편이다. ( )
13. 어른에게 예의 바르게 행동한다. ( )
14. 거짓말을 안 하는 편이다. ( )
15. 혼자서도 잘 놀 수 있다(게임하는 것은 제외). ( )
16. 불쌍한 사람을 보면 마음이 아프다. ( )
17. 후회하는 일이 적은 편이다. ( )
18. 음식을 적당히 먹는 편이다. ( )
19. 다른 사람들은 모두 나를 좋아한다. ( )
20. '멋있다' '야호' '아하!' 등의 감탄사를 잘 쓴다. ( )
21. 봉사활동에 즐겁게 참여할 수 있다. ( )
22. 다른 사람을 무시하지 않는다. ( )
23. 나 자신을 믿는다. ( )
24. 스스로를 멋지게 변화시키려고 노력한다. ( )
25. 친구들과 다투고 나면 먼저 사과한다. ( )

합계: ○ = ( )개 / × = ( )개 / △ = ( )개

[설문지 - 저학년용]

학년 반 번 이름: ____________

현재 나는 어떤 모습이라고 생각하나요? (그렇다 ○ / 보통이다 △ / 아니다 ×)

1. 착한 마음씨를 가진 사람이다. ( )
2. 화를 잘 내지 않는다. ( )
3. 해야 할 일을 항상 먼저 하고 나서 다른 일을 한다. ( )
4. 친구들과 사이좋게 지내는 편이다. ( )
5. 날마다 즐겁고 행복하다. ( )
6. 가족들은 모두 나를 좋아한다. ( )
7. 학교생활은 힘들지만 배우는 것이 많아서 좋다. ( )
8. 다른 사람들 앞에서 말하는 것을 좋아한다. ( )
9. 어른에게 예의 바르고 착하게 행동한다. ( )
10. 거짓말을 안 하는 편이다. ( )
11. 혼자서도 잘 놀 수 있다(게임하는 것은 제외). ( )
12. 음식을 골고루 알맞게 먹는 편이다. ( )
13. 많은 친구들이 나를 좋아한다. ( )
14. 스스로를 훌륭하게 만들려고 노력한다. ( )
15. 친구들과 싸우고 나면 내가 먼저 사과한다. ( )

합계: ○ = ( )개 / × = ( )개 / △ = ( )개

[학생 사례]

고정관념을 찾아라

나의 경험을 생각해 보면서 다음의 예화를 읽어 보세요.

| 거지와 황금 |

30년 동안 길가에 앉아서 구걸을 해 온 거지가 여느 날과 마찬가지로 "한 푼만 주십시오."라고 나지막이 중얼거렸습니다. 거지가 내민 낡은 야구 모자 속으로 가끔씩 동전이 떨어졌습니다. 한 행인이 지나가다가 거지에게 말했습니다.

"난 가진 게 아무것도 없으니 적선도 할 수가 없구려. 그런데 당신이 걸터앉은 건 뭐요?"

"그냥 낡은 상자요. 옛날부터 이 상자에 쭉 앉아 있었소."

행인은 상자를 가리키며 말했습니다.

"한 번만이라도 그 상자 안을 들여다본 적이 있소?"

"그건 봐서 뭘 해요? 그 안에는 아무것도 없어요."

"그러지 말고 안을 한 번 들여다보세요."

행인이 다그치자 거지는 마지못해 상자 뚜껑을 열었습니다. 그런데 이게 웬일일까요? 그 상자 안에는 놀랍게도 황금이 가득 차 있는 것이었습니다.

★ 상자가 의미하는 것은 무엇일까요?

믿음이다. 거지가 그저 낡은 상자라고 믿었던 것을 행인은 소중한 것이라고 믿고 열어 보았기 때문이다.

★ 거지와 행인의 생각의 차이점은 무엇일까요?

거지는 자신을 믿지 못했고, 행인은 자신을 믿었다.

★ 황금이 의미하는 것은 무엇일까요?

황금은 자신이 갖고 있는 고정관념을 깨고 또 다른 삶을 살아가라는 의미다.

[학생 사례]

무엇을 느꼈나요

오늘 활동을 통해 어떤 생각을 했나요? 자신의 경험과 관련지어 글이나 그림으로 표현해 보세요.

오늘 공부한 소감!

때론 신기 했고 사람마다 생각이 다르 다는 것을 알게 되었다. 또, 내가 생각한것과 컴퓨터가 생각한것이 달라서 황당 하기도 했다.

오늘 공부한 것을 자신의 경험과 관련지어 글과 그림으로 나타내어 보시오

내가 길을 가다가 갑자기 눈 앞에 이상한 것이 보였다. 그것은 나무가 큰 어머니의 형태를 하고있던 것이다 하지만 자세히 보니, 그냥 열매가 그러한 착시 현상을 만들었던 것이다.

[학생 사례]

무엇을 느꼈나요

오늘 공부한 소감을 써 보세요.

오늘 이 공부를 마치고 내가 보고 생각하는 것이 다른 사람들의 생각과 다르다는 것을 느꼈다.

오늘 공부한 것을 자신의 경험과 관련지어 글과 그림으로 표현해 보세요.

2. 무엇의 일부일까

활동 목표: 부분과 전체의 관계로 주변 공간을 바라볼 수 있다.

우리가 살아가면서 형성하는 공간은 부분들이 모여 이루어진 것이다. 그 안에 있는 것들을 각각 독립적인 존재로만 이해하게 되면 그 존재와 연결되어 있는 상황을 파악하기가 어렵다. 또한 하나의 개체가 갖는 의미와 역할이 공간에 따라 달라진다는 것을 받아들이기도 어렵다. 자신이 속해 있는 공간을 부분과 전체의 관계로 보게 되면, 그 공간에서 일어나는 상황 맥락을 보다 쉽게 이해할 수 있고, 그에 적절한 반응을 할 수 있다. 이것은 스스로에게 한정되지 않고 주변을 포함해서 보는 더 큰 시야를 형성하는 것을 의미한다.

이번 차시에서는 사물이 하나의 공간을 형성하고 그 공간이 다른 공간의 일부가 되는 장면들을 연속으로 이어 놓은 그림자료를 통해 모든 존재들이 서로의 한 부분이 되면서 전체 공간을 이루고 있음을 이해하게 한다. 더불어 직접 자신의 주변에 있는 사물을 정하여 공간을 확대시켜 보는 활동을 통해 주변을 부분과 전체의 관계로 재인식하여 본다.

활동 자료: 〈그림자료〉 그림 속의 그림

〈활동지〉 1-2-1

1-2-2

1-2-3

활동 과정

과정	내용	자료 및 유의점
도입 (8)	▶ 다음 장면 상상하여 말하기 제시된 장면의 다음 장면을 상상해 보고 확인하면서 자신의 인식의 범위를 자각한다. ▶ 학습 문제 사물이 속해 있는 공간을 확대하여 그려 보자.	• 그림자료
전개 (25)	▶ 사물의 입장이 되어 공간 확대해 보기 활동지(1-2-1)를 함께 작성해 보면서 공간을 확대시키는 방법을 이해하고 자신의 작품 소재를 찾아본다. ▶ 공간 확대 그림 그리기 작품을 구상하여 활동지(1-2-2, 1-2-3)에 공간 확대 그림을 완성한다.	• 교사는 학생이 장면 구상 시 자신이나 친구의 생각을 뛰어넘어 사고를 확장시킬 수 있는 질문을 미리 생각해 둔다. 예 필통은 언제나 가방 속에만 있을까? • 활동지(1-2-1, 1-2-2, 1-2-3)
정리 (7)	▶ 작품 감상하기 작품을 전체 또는 모둠별로 전시하여 다양한 부분과 전체의 관계를 감상한다.	• 부분과 전체의 관계를 고려해야 하는 이유를 생각해 본다.

활동 전개

도입 (8분)

▶ **다음 장면 상상하여 말하기**

그림자료 '그림 속의 그림'의 한 장면을 제시하고 그것이 무엇인지, 다음 장면은 무엇일지 먼저 상상하여 발표하고, 다음 장면을 확인하는 방식으로 진행한다.

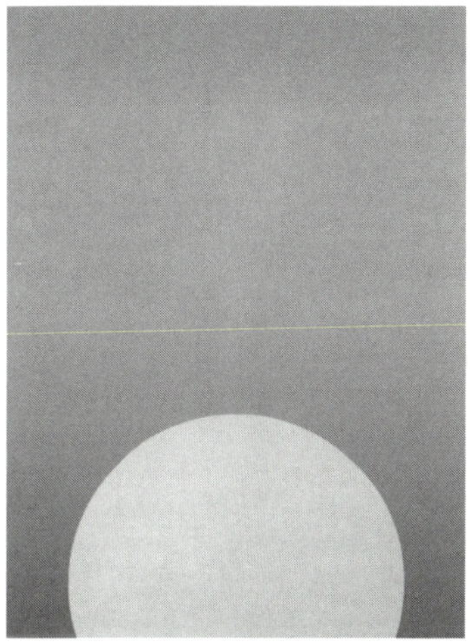

ⓘ 이것은 무엇일까요? 다음에는 어떤 장면이 펼쳐질지 상상해서 발표해 볼까요?

ⓘ 그림을 보면서 무슨 생각을 하게 되었나요? 자신이 평소에 어떻게 생각하면서 지내는지 느낄 수 있나요?

ⓘ 우리가 어떤 사물을 볼 때 그 사물이 전체 모습처럼 보이지만 사실 좀 더 시야를 넓게 보면 그 사물이 어딘가의 일부분임을 알 수 있어요. 이번 시간에는 주변에 있는 사물들이 무엇의 일부가 되는지 생각해 보고 그림으로 그려 보도록 하겠습니다.

▶ **학습 문제: 사물이 속해 있는 공간을 확대하여 그려 보자.**

전개 (25분)

- 나는 연필입니다.
- 나는 필통 속에 들어 있는 연필입니다.
- 나는 가방 안에 들어 있는 필통 속의 연필입니다.
- 나는 교실에 있는 어린이가 멘 가방 안에 들어 있는 필통 속의 연필입니다.
- 나는 교과서 그림에 나오는 교실에서 가방을 멘 어린이의 필통 속의 연필입니다.

▶ **사물의 입장이 되어 공간 확대해 보기**

활동지(1-2-1)의 내용에 따라 학생들과 함께 공간을 확대하여 본다.

ⓘ 연필은 어느 공간의 부분이 될 수 있는지 함께 확대하여 볼까요?

ⓘ 연필은 반드시 필통 속에만 들어 있을까요? 미처 생각하지 못한 공간의 일부가 될 수 있지 않을까요? 이와 같은 방법으로 사물을 선택하여 그것이 속한 공간을 확대시켜 보세요.

ⓘ 세포 속의 작은 세상을 눈으로 볼 수 있을까요?

ⓘ 드넓은 우주를 눈으로 볼 수 있을까요?

ⓘ 우리의 눈이 모든 것을 볼 수 없다면 무엇으로 사물을 보는 능력을 길러야 할까요?

▶ 공간 확대 그림 그리기

활동지(1-2-2, 1-2-3)를 이용하여 자신이 구상한 공간 확대 그림을 완성한다.

ⓘ 공간을 확대시키기로 생각해 본 것 중 하나를 선택하여 활동지에 그림으로 표현해 보세요. 그리기 순서를 확인해 봅시다.

① 활동지(1-2-1)에서 확대시켜 본 사물 혹은 새로운 사물을 선택한다.
② 그 사물이 속해 있는 공간을 확대해서 생각해 본다.
③ 그 공간을 3～4개의 장면으로 나누어 본다.
④ 친구들이 다음 장면을 쉽게 상상할 수 없도록 어떻게 표현할 것인지 구상한다.
⑤ 각각의 장면을 그리고 색칠한다.

정리 (7분)

▶ 작품 감상하기

그림을 전시하거나 실물화상기를 이용하는 등의 감상방법을 정하여 함께 감상한다.

ⓘ 친구들의 작품 중 흥미롭거나 자신이 미처 생각하지 못한 것을 표현했다고 여겨지는 것을 찾아보세요. 왜 그렇게 생각하였나요? 우리가 공간이나 사물을 볼 때 부분과 전체의 관계를 생각해 볼 필요가 있을까요? 그렇다면 그 이유는 무엇일까요?

ⓘ 친구가 그린 그림의 첫 장면을 보면 무엇인지 알기 어렵지만 무엇의 일부인지 생각해 보면 더 쉽게 이해할 수 있었지요. 이처럼 우리가 어떤 사물이나 문제를 볼 때 '이것은 무엇의(어디의) 일부분일까?' 라고 먼저 생각해 본다면 사물에 대해 좀 더 잘 알게 되거나 문제의 해결방법을 찾는 데 도움을 받을 수 있습니다(만약 '나는 지금 어디의 일부분일까?' 라고 생각해 보면 그 상황에서 자신이 어떻게 해야 할지 판단하는 데 도움이 되겠지요).

교사 자료실

그림 속의 그림

박의 일부분으로 시작하여 하나의 장면이 다음 공간의 일부분으로 속하게 되는 과정이 이어져 요람 속 아기까지 확장되는 총 26컷의 그림자료다. 전체와 부분의 관계에 대해 쉽게 이해할 수 있도록 장면이 구성되어 있다.

1/26

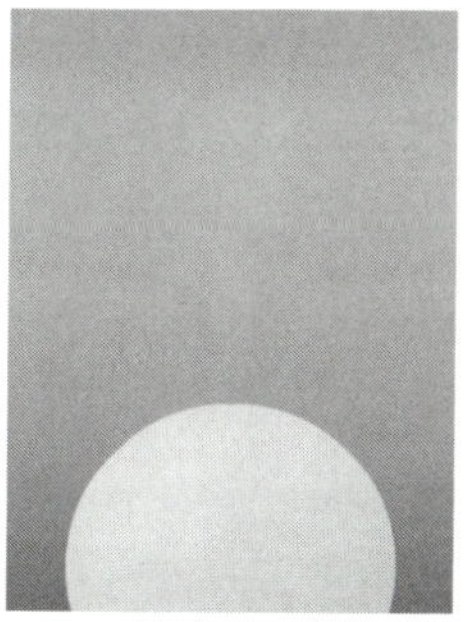

2/26

3/26

4/26

5/26

6/26

7/26

8/26

9/26

26/26

〈참고자료〉

저학년의 경우에 직접 손을 이용하여 공간을 확대해 보는 활동을 해 볼 수 있다.

- 두 손을 붙여 긴 원통 모양을 만들어 그 속으로 들여다보기
- 두 손으로 쌍안경을 만들어 주변 살펴보기
- 손을 떼고 주변을 둘러보기

[학생 사례]

무엇의 일부일까

내가 사물의 입장이 되어 공간을 확대시켜 보세요.

- 나는 연필입니다.
- 나는 필통 속에 들어 있는 연필입니다.
- 나는 가방 안에 들어 있는 필통 속의 연필입니다.
- 나는 교실에 있는 어린이가 멘 가방 안에 들어 있는 필통 속의 연필입니다.
- 나는 교과서 그림에 나오는 교실에서 가방을 멘 어린이의 필통 속의 연필입니다.

보기와 같이 하나의 사물이 속해 있는 주변의 공간을 확대시켜 보세요.

〈보 기〉

➡ 나무 → 숲 → 산 → 자연

➡ 개미 다리 → 개미 → 개미 집 → 땅속 → 무학산 → 마산

※ 사물을 정하여 보기처럼 확대시켜 보세요.

➡ 연필심 → 연필 → 책상 → 교실 → 초등학교

➡ 울 → 한국 → 아시아 → 5대 국가 → 우주 → 지구

➡ 빨간색 위의 검은 점 → 무당벌레 → 나뭇잎 위의 무당벌레

★ 세포 속의 작은 세상을 눈으로 볼 수 있을까요?

보이는 부분은 보이지만 아주 미세한 것은 볼 수 없다.

★ 드넓은 우주를 눈으로 볼 수 있을까요?

밤이 되면 별은 보이지만 그 너머의 행성은 볼 수 없다.

★ 우리의 눈이 모든 것을 정확하게 볼 수 없다면 무엇으로 사물을 보는 능력을 길러야 할까요?

마음으로 볼 수 있다고 생각한다.

[학생 사례]

다음 장면을 상상해 봐

주변의 사물을 떠올려 보고 몇 개의 부분 장면과 전체 장면을 그려 보세요.

(사례 1)

(사례 2)

3. 이유가 있을 거야

활동 목표: 상대방의 입장을 배려하고, 주변의 상황을 이해할 수 있다.

인간관계에서 갈등은 누구에게나 익숙한 일이다. 그중 대부분이 자신의 틀로만 관계를 바라보려 하기 때문에 일어난다. 자신뿐만 아니라 상대방의 입장을 고려하게 되면, 양측을 포함한 시야를 형성하기 때문에 더 많은 것들이 이해되고 상황을 풀어 나가기도 훨씬 쉬워진다.

이번 차시에서는 학생들이 대인 간 상황에서 좀 더 쉽게 공감대를 형성할 수 있도록 학급에서 흔히 경험할 수 있는 친구와의 갈등 장면을 제시한다. 그리고 갈등을 해결하는 방법을 찾아보면서 상대방의 입장을 배려하는 마음의 중요성에 대해 인식하도록 한다.

활동 자료: 〈장면〉 '용만이와 동엽이'

〈활동지〉 [1]-3-1

[1]-3-2

활동 과정

과정	내용	자료 및 유의점
도입 (5)	▶ '장면 1' 감상하기 '장면 1'을 보면서 이야기에 대한 공감대를 형성한다. ▶ 학습 문제 용만이와 동엽이가 화해할 수 있는 방법은 무엇일까?	• 장면 1 '용만이와 동엽이'의 결과 부분 자료
전개 (30)	▶ 갈등 해결방법 찾아보기 활동지(1-3-1)에 자신의 생각을 정리한 후 갈등 해결방법에 대해 의견을 나눈다. ▶ '장면 2' 감상하고 의견 나누기 갈등의 원인이 드러나 있는 '장면 2'를 보고 이와 비슷한 자신의 경험을 발표함으로써 갈등 상황에서 무엇을 고려해야 할지 생각해 본다. ▶ (심화) 사람들과 조화롭게 살아가기 위한 방법 찾아보기 활동지(1-3-2)의 내용 나누기를 통해 사람들과 사이좋게 지내기 위해 자신이 할 수 있는 행동을 생각해 본다.	• 제시된 갈등 상황은 학생들이 쉽게 경험할 수 있는 것으로 그 공감하는 바를 토대로 비슷한 상황(가족, 친구와의 관계 등)에서 자신이 했던 행동을 깊이 생각해 볼 수 있게 한다. • '심화'는 상황에 따라 진행한다. • 장면 2 '용만이와 동엽이'의 원인 부분 자료 • 활동지(1-3-1, 1-3-2)
정리 (5)	▶ 약속 정하기 친구와 갈등이 생겼을 때 상대방의 입장을 배려할 수 있는 구체적인 방법을 찾아 학급의 약속으로 정한다.	• 약속 내용은 학급 운영에 반영하여 상대방의 입장을 배려하는 태도를 내면화시킨다.

활동 전개

도입 (5분)

▶ '장면 1' 감상하기

'용만이와 동엽이'의 갈등 장면의 결과 부분을 감상한 후, 이와 비슷한 자신의 경험을 발표하여 공감대를 형성하면서 학습 문제를 이끌어 낸다.

장면 1

조용한 교실, 동엽이는 자리에 앉아서 조용히 책을 읽고 있다.

용만 (씩씩거리며 화난 목소리로) 너 어떻게 그럴 수 있어? (고함을 지르며 주먹으로 동엽이를 힘껏 때린다.)

동엽 (영문을 몰라 당황해하며 넘어졌다 일어나며) 짜식, 왜 가만히 있는 사람을 때려? (주먹으로 용만이를 더 힘껏 때린다.)

주변 친구들 (친구들이 몰려들어 싸움을 말린다.) 야, 왜들 이래?

용만이와 동엽이는 엉겨 붙어 싸운다.

ⓣ 여러분도 두 친구와 비슷한 갈등 경험이 있나요? 그때의 마음은 어떠했나요? 이번 시간에는 용만이와 동엽이가 어떻게 하면 화해할 수 있을지, 나에게 이런 상황이 닥쳤을 때 어떻게 해결하면 좋을지, 그 방법에 대해 이야기를 나누어 보겠습니다.

▶ 학습 문제: 용만이와 동엽이가 화해할 수 있는 방법은 무엇일까?

전개 (30분)

▶ 갈등 해결방법 찾아보기

활동지(1-3-1)의 내용을 작성한 뒤 갈등 해결방법에 대한 의견을 나눈다.

ⓣ 용만이나 동엽이와 비슷한 상황에 놓였을 때의 경험을 발표해 볼까요?

ⓘ 왜 용만이처럼 행동했나요?

ⓘ 동엽이와 같은 상황일 때 어떻게 문제를 해결했나요?

ⓘ 용만이와 동엽이가 갈등을 어떻게 해결하면 좋을까요?

▶ '장면 2' 감상하고 의견 나누기

'장면 2' 를 감상하고 생각하게 된 점을 발표하고, 갈등 상황이 생겼을 때 행동에 앞서 고려해야 할 사항을 이야기해 본다.

장면 2

용만이가 콧노래를 부르며 다음 시간을 준비하고 있을 때, 동엽이가 지나가다가 용만이의 필통을 팔로 쳐서 떨어뜨린다.

용만 (애써 화를 참으며 목소리를 낮춰서) 야, 왜 남의 필통을 쳐? 주워 담아라. (귀에 이어폰을 낀 동엽이는 아무 소리도 듣지 못하고 자기 자리에 가서 책을 꺼낸다. 그리고 혼잣말로) 저 자식이 나를 무시하는 거야? 필통을 떨어뜨려 놓고는 사과도 없이 그냥 가? (아무것도 모르는 동엽이는 여전히 귀에 이어폰을 낀 채 책을 읽고 있다. 그러자 용만이가 씩씩거리며 큰 목소리로) 너 어떻게 그럴 수 있어?

ⓘ '장면 2' 를 보고 어떤 생각을 했나요? 갈등을 해결하기 위해 용만이가 선택한 방법에 대해 어떻게 생각하나요?

ⓘ 용만이와 동엽이가 그랬던 것처럼 우리도 서로의 행동을 오해해서 싸우게 되는 경우가 많이 있지요. 이런 경우에는 어떻게 문제를 해결하면 좋을까요?

ⓘ 동엽이가 자기를 무시했다고 생각한 것은 용만이의 추측일까요? 아니면 동엽이의 실제 마음일까요?

ⓘ 우리는 때때로 싸울 수도 있고 화를 낼 수도 있습니다. 그렇지만 상대방의 행동이 이해가 안 될 때는 자기 마음대로 상대방의 생각을 추측하지 말고, 그 이유를 들어 보는 것이 상대방의 입장을 이해하는 방법일 수 있습니다. 만약 용만이가 동엽이의 행동에 화가 났지만 자기 마음대로 추측하지 않고 먼저 동엽이에게 가서 그렇게 행동한 이유를 물어보았다면 싸움이 일

어나지 않았을 수도 있었겠지요. 여러분이 이와 비슷한 상황에서 했던 행동을 한번 떠올려 보고 그때 만약 '저렇게 말하는(행동하는) 이유가 있을 거야.'라고 생각했다면 상황이 어떻게 바뀔 수 있었을지 이야기해 볼까요?

▶ (심화) 사람들과 조화롭게 살아가기 위한 방법 찾아보기

만화 '동건이와 방귀'를 보고 활동지(1-3-2)를 작성하여 이야기를 나눈다.

ⓘ 방귀는 왜 슬퍼했을까요? 둘은 어떤 관계라고 할 수 있나요? 동건이와 방귀처럼 나와 그런 관계에 있는 사람들은 누구인지, 내가 그 사람과 사이좋게 지내기 위해 할 수 있는 행동은 무엇이 있는지 발표해 봅시다.

ⓘ 우리는 모두 동건이와 방귀처럼 다른 사람들과 도움을 주고받으며 살아갑니다. 내가 밥 한 끼를 먹을 수 있으려면, 농사를 짓는 사람, 밥을 먹게 해 주시는 부모님, 밥그릇 등이 있어야만 하듯 우리가 살아가기 위해서는 모

두가 서로를 의지해야 합니다. 오늘 발표한 것처럼 조화롭게 지내기 위해 내가 할 수 있다고 생각하는 것들을 반드시 실천해 봅시다.

정리 (5분)

▶ 약속 정하기

조화로운 학급 운영을 위해 갈등 상황에서 지킬 수 있는 내용을 약속으로 정해 본다.

ⓘ 학급은 여러 사람이 모여서 단체생활을 하기 때문에 항상 자신이 하고 싶은 것만 할 수 없고, 서로 이해하며 지내야 하는 곳입니다. 오늘 보았던 '용만이와 동엽이' 의 모습은 우리 학급에서도 언제든지 일어날 수 있는 일입니다. 이런 상황에 닥쳤을 때 상대방의 입장에서 생각해 보기는 우리가 지켜야 할 학급의 약속이 될 수 있습니다. 어떻게 하면 상대방의 입장에서 생각할 수 있는지 구체적으로 약속을 정해 봅시다.

(예시)

- 친구와 싸웠을 때 '이유가 있을 거야.' 라고 생각해 보기
- 친구가 약속을 안 지킬 때 '이유가 있을 거야.' 라고 생각해 보기

[학생 사례]

이유가 있을 거야

자신의 경험을 떠올리며 읽어 보세요.

조용한 교실, 동엽이는 자리에 앉아서 조용히 책을 읽고 있다.

용만 (씩씩거리며 화난 목소리로) 너 어떻게 그럴 수 있어? (고함을 지르며 주먹으로 동엽이를 힘껏 때린다.)

동엽 (영문을 몰라 당황해하며 넘어졌다 일어나며) 짜식, 왜 가만히 있는 사람을 때려? (주먹으로 용만이를 더 힘껏 때린다.)

주변 친구들 (친구들이 몰려들어 싸움을 말린다.) 야, 왜들 이래?

용만이와 동엽이는 엉겨 붙어 싸운다.

★ 용만이와 같은 경험이 있었나요? 왜 그렇게 행동했나요?

사촌 동생이 내 색연필을 가져갔는데, 왜 말도 없이 가져가냐고 물어봐도 대답이 없어서 싸운 적이 있다.

★ 동엽이와 같은 경험이 있었나요? 그럴 때 어떻게 행동했나요?

친구가 내가 자기 가방을 쳤다고 했는데 내가 안 쳤다고 우겨서 싸운 적이 있다.

★ 용만이와 동엽이는 갈등을 어떻게 해결할 수 있을까요?

다른 사람과 싸울 때는 상대방의 입장도 생각해 봐야 한다.

[학생 사례]

동건이와 방귀

다음 만화를 보고 물음에 답해 보세요.

★ 방귀는 왜 슬퍼했을까요?

자기는 동건이에게 정말 필요한 존재인데 동건이가 자신을 창피해했기 때문에

★ 동건이와 방귀는 어떤 관계일까요?

동건이와 방귀는 서로 연결되어 있다. 하나가 잘되면 둘 다 잘되고,
하나가 잘못되면 둘 다 잘못된다.

4. 다른 존재는 세상을 어떻게 볼까

활동 목표: 주변에 있는 다른 생명의 존재를 느껴 볼 수 있다.

'생명'이라는 단어는 인간이 정해 놓은 기호와 같다. 생명의 의미를 생성하고 변화하며 소멸하는 모든 현상을 일으키는 근본으로 파악하면 생명 아닌 것이 없다. 흐르는 물, 우뚝 선 바위, 늘 푸른 소나무 등 세상은 생명의 물결로 넘쳐 난다. 우리를 둘러싼 주변 환경 속에서 생명을 찾아 느껴 보자. 그것들은 실제로 드러난 모습이나 차원이 다를 뿐 살아가는 원리는 인간과 다르지 않다. 이러한 사실을 인식하게 되면 주변에 있는 것들을 좀 더 소중히 생각할 줄 알게 되고 자비로운 마음이 생겨난다.

이번 차시에서는 일상에서 접하는 주변의 생명 중 하나를 선택하여 그의 상담가가 되어 보는 활동을 통해 다른 존재들도 나와 같은 생명이라는 것을 느끼고 생각해 본다.

활동 자료: 〈예화〉 '우물 안 개구리'

〈활동지〉 [1]-4-1

[1]-4-2

활동 과정

과정	내용	자료 및 유의점
도 입 (8)	▶ 상상하여 발표하기 교실에 날아 들어온 벌의 입장이 되어 다른 존재는 세상을 어떻게 보며 살아가는지에 대한 관심을 갖게 한다. ▶ 학습 문제 개구리의 상담가가 되어 보자.	• 아동들이 공감할 수 있는 상황을 설정한다.
전 개 (30)	▶ 개구리의 상담가가 되어 보기 상담가의 역할과 태도에 대해 이해하고, 개구리의 고민을 들어 주는 상담가가 되어 본다. ▶ 상담 내용과 소감 발표하기 자신의 상담 내용과 소감을 발표하고, 다른 차원의 존재에 대해 생각해 본다.	• 학급 아동들에게 익숙한 주변 생물에 대한 활동지를 재구성하여 활용한다. • 활동지(1-4-1)
정 리 (2)	▶ 과제 제시 다른 생명의 입장이 되어 편지를 써 보는 과제를 제시한다.	• 활동지(1-4-2)

활동 전개

도입 (8분)

▶ **상상하여 발표하기**

'교실에 날아 들어온 벌'의 입장이 되어 상상해 보는 활동을 통해 학습 문제를 이끌어 낸다.

ⓣ 수업시간에 벌 한 마리가 교실에 들어왔다면 어떤 상황이 벌어질까요? 그 상황에 놓인 벌의 입장이 되어 보세요. 벌은 어떤 생각을 할까요? 벌이 다시 교실 밖으로 나가도록 도와주는 방법을 생각해 볼까요?

ⓣ 우리의 주변에는 동물, 식물, 책상이나 지우개 같은 수많은 존재들이 함께 살아가고 있지요. 이런 존재들에 대해 생각해 본 적이 있나요? 이번 시간에는 우리가 주변의 사물이 되어 세상을 바라보는 활동을 해 봅시다.

▶ **학습 문제: 개구리의 상담가가 되어 보자.**

전개 (30분)

▶ **개구리의 상담가가 되어 보기**

상담가의 역할과 태도에 대해 이야기를 나눈 뒤, 우물 안에 있는 개구리의 상담가가 되어 활동지(1-4-1)를 작성한다.

ⓣ 내가 다른 사람에게 고민을 이야기할 때 그 사람이 어떻게 대해 주면 좋을 것 같나요? 다른 사람의 고민을 들어 주고 어떻게 해결해야 할지 함께 생각해 주는 사람을 상담가라고 합니다. 아주 멋진 직업이지요.

ⓣ 상담가가 되기 위해서는 고민을 이야기하는 사람에게 다정하고 친절하게 대해 주는 마음이 필요합니다. 오늘 우리가 그런 상담가가 되어 보도록 합시다.

| 우물 안 개구리 |

난 지금 많이 슬퍼. 가끔 머리 위에서 '개굴아!' 하는 소리가 들려. 그 소리는 내가 딸꾹질을 할 때나 엄마가 보고 싶어 울 때 내 입에서 나오는 소리와 비슷해서 깜짝 놀란단다. 고개를 들어서 위쪽을 보니 아주 밝더라. 가끔 동그란 물체가 불쑥 나타나서 '개굴아!' 하고 부르는데 그게 뭐지? 주변에는 나밖에 없는데 말이야.

괴로운 것은 그 소리와 함께 뭔가가 떨어져서 물을 튀기는 거야. 물속으로 떨어진 건 뭐니? 금방 물속으로 들어가 버리기 때문에 잘 모르겠어. 한 번은 그것에 맞은 적이 있는데 너무 아파서 기절해 버렸어.

도대체 나는 어디에 살고 있는 걸까? 축축하고 미끈거리는 몸과 앞으로 튀어나온 큰 눈은 정말 마음에 들지 않아. 물에 비친 내 모습을 바라보면 정말 우울해. 너는 나를 어떻게 생각하니?

나는 궁금한 게 참 많아. 엄마는 내가 어렸을 때 돌아가셨고, 친구라곤 이끼밖에 없어. 그런데 그 친구는 태어나서 움직여 본 적이 없기 때문에 나보다 더 세상을 모르고 피곤하다며 잠만 잔단다. 그래서 혼자서 매일 '저 위쪽엔 뭐가 있을까? 저곳에 나가 보고 싶어.' 라고 생각하지. 그런데 한 번도 나가 본 적이 없어서 너무 두려워.

어제는 용기를 내어 위로 올라가는데 뭔가가 갑자기 나타나서 '개구리다!' 하는 바람에 깜짝 놀라 숨어 있다가 내려와 버렸어. 나는 어떻게 해야 하니?

▶ 상담 내용과 소감 발표하기

상담 내용과 소감을 함께 나누면서 '생명' 에 대해 생각해 본다.

ⓘ 자신이 상담해 준 내용을 발표해 볼까요?

ⓘ 개구리가 볼 수 있고 이해하는 세상은 어디까지일까요? 개구리의 고민을 들어 줄 수 있었던 이유는 무엇일까요? 개구리와 우리의 공통점과 차이점은 무엇일까요?

ⓘ 오늘 우리가 상담해 주었던 개구리는 비가 올 것을 미리 알고 자신의 알을

안전한 곳으로 옮기기도 한답니다. 우리 주변에는 생긴 모습과 살아가는 방법은 다르지만 우리처럼 가족이 있고 아파하기도 하며 살기 위해 애쓰는 생명들이 많이 있습니다. 우리와 모습이 다르고 살아가는 방법이 다르고 다른 언어를 쓴다고 해서 그들이 생명이 아니라고 말할 수는 없겠지요. 오늘 활동에 대한 소감을 발표해 볼까요?

정리 (2분)

▶ 과제 제시

활동 내용의 내면화를 위해 자신의 주변에 있는 다른 생명의 입장이 되어 글을 써 보도록 안내한다.

ⓘ 집으로 가는 길에 보았던 또는 집에서 살고 있는 생명 중 하나를 선택하여 그 움직임을 잘 살펴보고 이야기를 나누어 보세요. 그리고 그 생명이 어떤 이야기를 하는지 마음으로 들어 보고 그의 입장이 되어 글을 써 보세요.

[학생 사례]

다른 존재는 세상을 어떻게 볼까

개구리와 마주 앉아 있는 자신을 상상하면서 진지한 상담가가 되어 보세요.

난 지금 많이 슬퍼. 가끔 머리 위에서 '개굴아!' 하는 소리가 들려. 그 소리는 내가 딸꾹질을 할 때나 엄마가 보고 싶어 울 때 내 입에서 나오는 소리와 비슷해서 깜짝 놀란단다. 고개를 들어서 위쪽을 보니 아주 밝더라. 가끔 동그란 물체가 불쑥 나타나서 '개굴아!' 하고 부르는데 그게 뭐지? 주변에는 나밖에 없는데 말이야.

개굴아, 그건 아이들이 너를 보고 싶다고 너의 이름을 부른 거야. 네가 엄마가 보고 싶어 울 때랑 똑같은 거란다.

괴로운 것은 그 소리와 함께 뭔가가 떨어져서 물을 튀기는 거야. 물속으로 떨어진 건 뭐니? 금방 물속으로 들어가 버리기 때문에 잘 모르겠어. 그런데 한번은 그것에 맞은 적이 있는데 너무 아파서 기절해 버렸어.

개굴아, 아이들이 네가 나오지 않아서 화가 나서 물건을 던진 거야. 너도 새로운 친구를 보면 자꾸 보고 싶고 다가가고 싶지 않니? 아이들도 널 많이 보고 싶었던 거야.

도대체 나는 어디에 살고 있는 걸까? 축축하고 미끈거리는 몸과 앞으로 툭 튀어나온 큰 눈은 정말 마음에 들지 않아. 물에 비친 내 모습을 바라보면 정말 우울해. 너는 나를 어떻게 생각하니?

넌 이상하지 않아. 그리고 외모보다는 마음씨가 고와야 한단다. 동물과 인간의 모습은 달라. 네가 왜 그 모습일까 생각해 보니까 너의 몸을 네가 보호할 수 있다는 게 특징인 것 같아.

나는 궁금한 게 참 많아. 엄마는 내가 어렸을 때 돌아가셨고, 친구라곤 이끼밖에 없어. 그런데 그 친구는 태어나서 움직여 본 적이 없기 때문에 나보다 더 세상을 모르고 매일 피곤하다며 잠만 잔단다. 그래서 혼자서 매일 '저 위쪽엔 뭐가 있을까? 저곳에 나가 보고 싶어.'라고 생각하지. 그런데 한 번도 나가 본 적이 없어서 너무 두려워.

네가 이끼한테 먼저 마음을 열어 봐. 넌 항상 나쁜 쪽으로 생각하는 것 같아. 그래서 혼자라고 생각하지. 이끼랑 한번 놀아 보면 재미있을 거야.

어제는 용기를 내어 위로 올라가는데 뭔가가 갑자기 나타나 '개구리다!' 하는 바람에 깜짝 놀라서 숨어 있다가 내려와 버렸어. 나는 어떻게 해야 하니?

네가 위로 올라갔다는 건 대단한 거란다. 다시 한번 올라가 봐. 그래야만 궁금한 것을 해결할 수 있어.

[학생 사례]

내 마음을 알아줘

주변에 있는 사물 중 하나를 선택하여 내가 그 사물이 되었다고 상상했을 때, 느낄 수 있는 고민이나 즐거움을 편지글로 써 보세요.

안녕? 나는 강아지야. 사람들은 나를 귀여워해. 하지만 나는 정말정말 힘들어. 너무 많이 먹으면 운동하랴, 달리랴, 그럴 땐 정말 귀찮아. 나를 사랑하고 아껴 주면 뭐해? 내가 하고 싶은 대로 한 적이 없는데…… 모두 주인 마음대로 하거든. 주인과 함께 산책하다가 보면 버려진 개를 볼 때가 있어. 나는 그 개를 보면서 '나도 저렇게 되면 어떡하지?'라는 생각이 들었어. 그래서 빨리 좋은 주인 만나 잘 살라고 그 개에게 말해 주었어. 나는 뛰고 싶은데 주인은 나를 품 안에 꼭 안고 있으면 너무너무 덥고 빠져나가고 싶어. 앞으로 우리 개들을 무시하지 말고 우리가 하고 싶은 대로 해 주었으면 좋겠어. 우리 마음 좀 알아줘!

주변의 존재들은 모두 다른 모습을 하고 있지만 우리와 더불어 살아가고 있습니다. 그들도 나처럼 소중한 존재라는 마음을 가질 때 우리는 세상을 더 폭넓게 이해할 수 있습니다.

5. 사과야, 너는 어디서 왔니

활동 목표: 모든 존재가 무엇으로 이루어졌는지 살펴볼 수 있다.

앞 차시에서 모두가 생명이 있는 존재임을 알아보았다면, 이번 차시에서는 그 존재들을 이루는 물질적인 요소도 모두 같다는 것을 이해하는 활동을 하게 된다. 드러난 모양은 천차만별이지만 그것이 형성되기까지의 과정을 거슬러 올라가 보면 지(地), 수(水), 화(火), 풍(風)으로 이루어짐을 알 수 있다. 그것들은 생성과 소멸의 과정을 거치며 서로 섞이고 흩어지는 하나의 커다란 공체(共體)로서 끊임없이 순환한다. 우리의 몸도 그 순환의 일부가 된다.

이번 차시에는 사과를 관찰하고, 먹고, 사과가 열리기까지의 과정을 상상해 보는 활동을 한다. 이를 통해 모든 존재가 같은 구성 물질로 이루어져 있으며, 모두가 더불어 순환하는 공동체임을 이해하도록 돕는다.

활동 자료: 〈예화〉 '사과야, 너는 어디서 왔니'

〈준비물〉 사과, 접시, 칼

〈활동지〉 1-5-1

1-5-2

활동 과정

과 정	내 용	자료 및 유의점
도 입 (8)	▶ 사과에 대해 관심 갖기 사과와 관련된 이야기를 나누고 사과를 먹어 보면서 사과가 무엇으로 이루어졌는지 관심을 갖게 한다. ▶ 학습 문제 사과가 무엇으로 이루어졌는지 알아보자.	• 사과 반쪽은 남겨서 전개 활동에서 사용한다.
전 개 (30)	▶ 사과가 있기까지의 과정을 거슬러 올라가기 활동지(1-5-1)에 있는 예화를 읽고 사과가 이루어지기까지의 과정을 알아본다. ▶ 다른 존재들은 무엇으로 이루어졌는지 생각해보기 활동지(1-5-2)를 작성하면서 모든 존재가 같은 구성요소로 이루어져 있음을 인식할 수 있도록 한다.	• 남은 반쪽의 사과를 먹을 때는 사과가 무엇으로 이루어졌는지를 생각하면서 먹도록 한다. • 활동지(1-5-1, 1-5-2)
정 리 (2)	▶ 활동 소감 나누기 모든 존재의 구성요소가 같다는 것을 알고 어떤 생각을 하였는지 이야기를 나눈다.	

활동 전개

도입 (8분)

▶ 사과에 대해 관심 갖기

사과의 겉모습을 살펴보고 사과를 반으로 쪼개어 먹는다.

ⓘ 머릿속으로 사과를 떠올렸을 때 어떤 생각이 드나요? 내가 생각하는 사과와 실제 앞에 있는 사과의 모양이나 감촉, 색이 같은지 확인해 볼까요? 사과를 먹으면서 자신이 평소에 생각했던 맛과 같은지 느껴 보세요. 사과는 무엇으로 이루어져 있을까요? 사과가 우리 손에 오기까지의 과정을 거슬러 올라가 볼까요?

▶ 학습 문제: 사과가 무엇으로 이루어졌는지 알아보자.

전개 (30분)

▶ 사과가 있기까지의 과정을 거슬러 올라가기

활동지(①-5-1)에 있는 '사과야, 너는 어디서 왔니' 를 읽고, 사과가 이루어지기까지의 과정을 정리해서 발표한다. 교사가 사과의 마음을 담아 먼저 읽어 주면 학생들이 더 진지하게 사과 이야기를 받아들인다. 활동이 끝난 후, 남은 사과를 음미하면서 먹는다.

ⓘ 내가 조금 전에 먹었던 그 사과의 맛이 무엇으로 이루어졌는지 생각해 볼까요? 뜨거운 햇빛과 시원한 바람과 힘찬 물줄기의 맛을 느낄 수 있었나요? 사과가 무엇으로 이루어져 있는지 자신이 정리한 내용을 발표해 볼까요?

| 사과야, 너는 어디서 왔니 |

나는 사과야. 내 몸은 빨갛고 아직 덜 익은 부분은 햇살을 덜 받아서 푸르스름하지. 나는 지금 바람에 살짝 흔들리고 있어. 내 몸이 익어 가고 있어서 몸에서 열이 많이 나거든. 그래서 이렇게 불어오는 바람이 너무 좋아. 나는 햇살을 먹기 때문에 너희 눈에는 보이지 않겠지만 빛으로 가득하단다. 내 안에는 지금 나를 매달고 있는 나무도 들어 있어. 태어나기 전에는 그 나무 속에 있었어. 그래서 땅속 뿌리에서 물을 힘차게 빨아올릴 때의 시원하고 당당한 힘도 나의 일부란다. 그 전에는 무엇이었냐고? 나는 아주 조그맣고 귀여운 씨앗이었어. 나는 땅에 떨어졌어. 누군가가 작은 씨앗인 나를 땅에 던졌거든. 쏟아지는 비와 바람은 나를 땅속에 밀어 넣었고, 겨우내 흙은 나를 감싸 주었어. 씨앗이기 전에는 무엇이었을까? 글쎄…… 나와 같이 땅에 떨어졌던 다른 씨앗이 어떻게 사라져 갔는지 본 적이 있어. 그 친구는 죽을 때 말했어. "너무 슬퍼하지 마. 난 죽어서 썩으면 너의 몸속으로 들어가 한 몸이 될 거야." 그런데 정말 물이 되고 바람이 되고 흙이 되어 내 몸속으로도 들어오고 다른 곳으로도 가는 것을 느꼈지. 그럼 물과 바람과 흙이 되기 전에 나는 무엇이었을까? 무엇이 나를 존재하게 했을까? 너는 네가 어디서 왔는지 알고 있니?

▶ 다른 존재들은 무엇으로 이루어졌는지 생각해 보기

주변의 다른 존재들이 이루어지는 과정을 거슬러 올라가 보며 활동지([1]-5-2)를 작성한 뒤, 함께 이야기를 나눈다.

ⓘ 책상은 무엇으로 이루어졌나요? 사람은 무엇으로 이루어졌나요? 책상과 사람의 차이점과 공통점은 무엇인가요?

ⓘ 사물이 이루어졌다 없어졌다 하는 과정을 끊임없이 이어지게 하는 것은 무엇일까요? 왜 그렇게 생각하나요?

정리 (2분)

▶ 활동 소감 나누기

이번 활동을 하면서 느낀 점을 함께 나눈다.

ⓘ 이번 활동을 통해 무엇을 느꼈나요?

ⓘ 우리의 모습은 다르지만 그것을 구성하는 요소는 모두 같은 것임을 알게 되었습니다. 물은 얼음이나 눈으로 그 모습이 변해도 물이고, 계곡에서 흐르든 바다로 가든 물이며, 우리가 마시는 음료도 물임을 알고 있지요. 이와 같이 나와 내 주변에 있는 모든 것들은 하나의 뿌리에서 나온 다양한 열매들이라고 할 수 있습니다. 잠시 눈을 감고 불어오는 바람이 나의 또 다른 모습이라고 느껴 보세요. 어떤 기분이 드나요?

[학생 사례]

사과야, 너는 어디서 왔니

사과는 무엇으로 이루어져 있을까요? 사과 친구가 들려주는 이야기를 읽어 보세요.

| 사과야, 너는 어디서 왔니 |

나는 사과야. 내 몸은 빨갛고 아직 덜 익은 부분은 햇살을 덜 받아서 푸르스름하지. 나는 지금 바람에 살짝 흔들리고 있어. 내 몸이 익어 가고 있어서 몸에서 열이 많이 나거든. 그래서 이렇게 불어오는 바람이 너무 좋아. 나는 햇살을 먹기 때문에 너희 눈에는 보이지 않겠지만 빛으로 가득하단다. 내 안에는 지금 나를 매달고 있는 나무도 들어 있어. 태어나기 전에는 그 나무속에 있었어. 그래서 땅속 뿌리에서 물을 힘차게 빨아올릴 때의 시원하고 당당한 힘도 나의 일부란다. 그 전에는 무엇이었냐고? 나는 아주 조그맣고 귀여운 씨앗이었어. 나는 땅에 떨어졌어. 누군가가 작은 씨앗인 나를 땅에 던졌거든. 쏟아지는 비와 바람은 나를 땅속에 밀어 넣었고, 겨우내 흙은 나를 감싸 주었어. 씨앗이기 전에는 무엇이었을까? 글쎄…… 나와 같이 땅에 떨어졌던 다른 씨앗이 어떻게 사라져 갔는지 본 적이 있어. 그 친구는 죽을 때 말했어. "너무 슬퍼하지 마. 난 죽어서 썩으면 너의 몸속으로 들어가 한 몸이 될 거야." 그런데 정말 물이 되고 바람이 되고 흙이 되어 내 몸속으로도 들어오고 다른 곳으로도 가는 것을 느꼈지. 그럼 물과 바람과 흙이 되기 전에 나는 무엇이었을까? 무엇이 나를 존재하게 했을까? 너는 네가 어디서 왔는지 알고 있니?

사과가 되기까지의 과정을 생각나는 대로 적어 보세요.

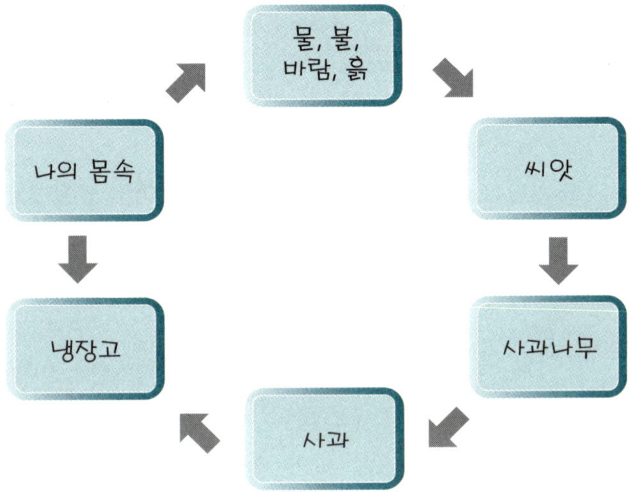

[학생 사례]

무엇으로 이루어졌을까

각각의 사물은 무엇으로 이루어졌을까요? 다음 사물들이 이루어지기까지의 과정을 거슬러 올라가 보세요.

- **책상** ⇨ **나무** ⇨ **씨앗** ⇨ **물, 불, 바람, 흙** ⇨ 씨앗 ⇨ 나무
- **개구리** ⇨ **올챙이** ⇨ 알 ⇨ 개구리 배 속 ⇨ 물, 불, 바람, 흙 ⇨ 알 ⇨ 올챙이
- **어른** ⇨ 아기 ⇨ 어머니 배 속(수정) ⇨ 물, 불, 바람, 흙 ⇨ 수정 ⇨ 아기
- **(지우개)** ⇨ 고무 자원 ⇨ 물, 불, 바람, 흙 ⇨ 고무 자원
- **(나무)** ⇨ 씨앗 ⇨ 물, 불, 바람, 흙 ⇨ 씨앗

★ 이처럼 사물이 이루어졌다가 없어졌다 하는 과정을 끊임없이 순환할 수 있게 하는 것은 무엇이라고 생각하나요? 왜 그렇게 생각하나요?

생명의 힘이다. 사물을 움직이게 하고 변화시키는 힘이 바로 생명의 힘이니까

6. 마음이란 무엇일까

활동 목표: 우리를 움직이는 '마음'에 대해 생각해 볼 수 있다.

우리가 가지고 있는 어떤 관념은 너무나 익숙해서 그것이 고정관념이라는 것조차 인식하지 못하기도 한다. '마음'이 그 한 예일 것이다. 마음이란 보이는 세계, 즉 물질계에 대해 상대적으로 보이지 않는 세계, 즉 정신계에 이름을 붙인 것이다. 물질과 마음이 따로 떨어져 있는 것이 아님에도 불구하고 우리는 그것을 별개의 것으로 받아들인다. 하지만 마음으로 인하여 물질적 움직임도 일어난다는 사실을 일상생활에서 쉽게 확인해 볼 수 있다. 아침에 나의 몸을 일으키는 것도 마음이고, 무엇인가를 만들어 내고 파괴하는 것도 마음으로부터 시작된다.

이번 차시에서는 마음을 사고파는 '마음 장터' 놀이를 통해 평소에 익숙하게 사용하면서도 그 작용을 자각하지 못하는 '마음'을 대상화시킨다. 이를 통해 주변의 모든 것에 마음이 들어 있으며, 마음에 따라 움직이고 변화함을 인식할 수 있게 한다.

활동 자료: 〈예화〉 '할머니의 처방전'
〈활동지〉 1-6-1
1-6-2

활동 과정

과정	내용	자료 및 유의점
도입 (7)	▶ 예화 속에 숨어 있는 마음 찾기 예화 '할머니의 처방전'을 들려주고 이야기 속에 숨어 있는 마음을 찾아보면서 '마음'에 대해 관심을 갖게 한다. ▶ 학습 문제 '마음 장터' 놀이를 해 보자.	• 예화 속에 들어 있는 마음 찾기를 통해 마음에 대해 흥미를 갖게 한다.
전개 (30)	▶ '마음 장터' 놀이하기 놀이의 방법과 규칙을 이해하고 활동지(1-6-1)에 있는 마음카드를 작성하면서 마음이 나에게 어떻게 작용하는지를 자각한다. ▶ 주변에서 마음 찾기 활동지(1-6-2)를 통하여 자신의 주변에 있는 사물이나 현상에 숨어 있는 마음을 찾아보면서 우리를 움직이고 변화시키는 마음에 대해 인식한다.	• 주변에서 마음 찾기를 통해 모든 것에 마음이 있다는 것과 마음이 가지고 있는 잠재력에 대해 자연스럽게 생각해 보도록 유도한다. • 활동지(1-6-1, 1-6-2)
정리 (3)	▶ 과제 제시 자신의 주변에 있는 사물이나 가족의 행동 속에 숨어 있는 마음을 찾아보는 과제를 제시한다.	

활동 전개

도입 (7분)

▶ 예화 속에 숨어 있는 마음 찾기

다음 예화를 들려주고 이야기 속에 숨어 있는 마음을 찾도록 한다.

| 할머니의 처방전 |

이 이야기는 1950년대에 일본에서 있었던 일이다. 어떤 병원에 매우 기력이 없어 보이는 할머니가 와서 자신의 증세를 이야기하면서 병을 고쳐 달라고 애원을 하였다. 담당 의사는 직감적으로 폐결핵이 아닐까 생각했고, 간단한 검사를 해 본 결과 폐결핵 말기 환자임이 판명되었다. 의사는 당시의 의술로는 더 이상 치료가 불가능하다고 생각했지만 할머니가 딱한 생각이 들어 처방전을 하나 써 주면서 이것을 석 달간 하루에 한 번씩 드시라고 하였다. 할머니가 가고 난 뒤에 의사는 그 할머니가 아무리 오래 살아도 두 달 이상은 살지 못할 텐데 하면서 가엾은 생각이 들었지만 그다음 환자를 보아야 했고, 금세 할머니를 잊어버렸다. 그런데 그 뒤로 석 달 후에 그 할머니가 건강한 모습으로 병원을 찾아와서 "병을 고쳐 주셔서 정말 감사합니다. 당신은 나의 생명의 은인입니다."라고 하면서 의사에게 정성스럽게 선물을 내미는 것이 아닌가! 의사는 석 달 전의 일을 떠올리고는 "아니 도대체 그동안 어떤 치료를 하셨습니까?"라고 물었다. 그랬더니 "의사 선생님이 하라는 대로 해서 병이 나았습니다."라고만 반복해서 이야기하는 것이었다. 그러나 의사의 지식으로는 자신의 처방대로만 해서 나을 수 없는 상태라고 보았기에 석 달 전 할머니가 자신으로부터 처방전을 받아 나간 뒤의 일에 대해서 꼬치꼬치 캐물었다. 이야기를 다 듣고 난 의사는 너무 놀라서 입을 다물 수가 없었다. 그 할머니는 일자무식이었으며, 처방전이 무엇인지도 몰랐던 것이다. 그래서 그 할머니는 처방전(글씨가 쓰인 종이쪽지)을 90일 동안 하루에 한 번씩 먹으라는 것으로 생각했고, 따라서 처방전을 정성스럽게 90등분하여 매일 하나씩을 먹었던 것이다. 그리고 병이 완쾌되었던 것이다! 그 할머니는 매우 단순하고 순수하여 의사의 말을 그대로 믿은 것이며, 이 믿음의 힘이 병을 고쳤던 것이다.

ⓘ 이 예화를 듣고 어떤 생각을 하게 되었나요? 이야기 속에 숨어 있는 마음을 찾아볼까요? 할머니가 처방전을 잘라 먹었던 것에는 어떤 마음이 숨어 있나요? 할머니의 병을 낫게 한 것은 무엇일까요?

ⓘ 내가 생각하는 '마음'에 대해 발표해 볼까요?

ⓘ 우리가 매일 쓰고 있는 마음을 사고파는 놀이를 해 봅시다.

▶ 학습 문제: '마음 장터' 놀이를 해 보자.

전개 (30분)

▶ '마음 장터' 놀이하기

'마음 장터' 놀이의 규칙을 함께 확인한 후 각자 활동지(1-6-1)에 있는 마음카드를 작성하여 모둠별로 장터 놀이를 한다. (놀이 규칙은 '교사 자료실'에서 확인하여 활용한다.)

ⓘ 마음을 사거나 팔 수 있는 가게가 있다면 이 가게에 가 보고 싶은가요?

ⓘ 어떤 마음을 사거나 팔고 싶은지 한번 생각해 볼까요? 왜 사거나 팔고 싶은가요?

ⓘ 마음카드를 작성하여 '마음 장터' 놀이를 해 봅시다.

▶ 주변에서 마음 찾기

먼저 마음에 대해 이야기를 나눈 뒤 활동지(1-6-2)를 작성한다.

ⓘ 마음은 보이지 않는데 마음이 있다는 것을 어떻게 알 수 있을까요? 어머니가 나를 사랑한다는 것을 어떻게 알 수 있나요?

ⓘ 나는 나의 마음을 어떻게 표현하고 있나요? 주변에 있는 사물이나 현상 속에도 마음이 있을까요? 그것들에는 어떤 마음이 들어 있을까요? 활동지를 작성하고 발표해 봅시다.

(예시)

- 사물: 비행기(날고 싶은 마음), 놀이기구(재미있게 놀고 싶은 마음)

- 무형: 노래(감정을 표현하려는 마음), 춤(생각과 느낌을 표현하려는 마음)
- 상황: 싸움(상대를 미워하는 마음), 청소(주변을 깨끗이 하고 싶은 마음)

ⓘ 물질과 마음은 어떤 관계라고 생각하나요?

ⓘ 어머니의 몸을 움직이게 하고, 내 몸을 달리게 하는 것은 마음입니다. 눈에 보이는 것들을 움직이게 하는 것을 우리는 '마음'이라고 합니다. 우리가 사물이나 어떤 현상을 볼 때 그 속에 숨겨져 있는 마음을 찾아보면 더 쉽게 이해할 수 있습니다.

정리 (3분)

▶ 과제 제시

자신의 주변에 있는 사물이나 가족의 행동 속에 숨어 있는 마음을 찾아보도록 한다.

교사 자료실

'마음 장터' 놀이

마음은 매 순간 쓰고 있지만 그것이 우리의 몸과 행동, 주변과의 관계에 어떤 영향을 미치는지에 대해서는 잘 인식하지 못한다. '마음 장터' 놀이는 마음을 사고파는 놀이의 형식을 빌려서 마음의 힘에 대해 생각해 보고 관심을 가질 수 있도록 한다.

〈놀이 규칙〉

- 마음카드를 작성한다.
- 주인이 장터를 열고 진행을 맡는다.
- 자신이 사고파는 마음에 대한 대가를 반드시 지불한다.

〈장터의 주인 역할〉

- 주인은 마음을 사고파는 활동이 원활하게 이루어지도록 중개자의 역할을 한다.
- 모둠별로 할 때는 모둠원이, 학급 전체가 같이할 때는 교사가 맡는다.
- 모두가 한 번씩 돌아가면서 사거나 파는 것 중 한 가지를 할 수 있도록 진행한다.
- 사고파는 값으로 지불하는 것은 교사가 미리 몇 가지를 정하여 제시할 수 있다.
- 나쁘다고 생각되는 마음은 사는 사람이 없을 수 있다. 그런 경우 주인은 그 마음도 사서 좋게 쓸 수 있음을 알려 준다(예: 두려운 마음은 너무 겁없는 사람이 살 수 있고, 연약한 마음은 강한 마음을 가진 사람이 사서 마음의 그릇을 키울 수 있다).

〈놀이 진행방법〉

- 마음카드를 작성하여 둥그렇게 둘러앉는다.
- 장터 주인은 한 사람을 지명하여 마음을 살 것인지, 아니면 팔 것인지를 묻는다.
- 그 사람이 마음을 팔 것이라고 하면 '팔고 싶은 마음' 카드에 있는 질문에 대답하게 한다.
- 그 마음을 사겠다는 사람이 있으면 누가 쓸 것인지, 왜 사려고 하는지 묻는다. (자신이 쓰려고 하는 마음이 아니더라도 친구를 위해 선물로 사 줄 수 있다.)
- 사고파는 것이 정해지면 대가를 지불하게 한다. 누가 대가를 지불할 것인지는 상황에 따라 다르다(예: 모두가 싫어하는 마음을 판 경우에는 판 사람이 감사의 표시를 한다).
- 마음을 사는 사람의 경우에도 위와 같은 방식으로 진행한다.

〈카드 앞면〉

〈팔고 싶은 마음〉

- 내가 팔고 싶은 마음은?
- 이 마음을 왜 팔고 싶은가요?
- 내가 이 마음을 썼을 때 어떤 느낌이 들었나요?
- 이 마음을 사 주는 사람에게 무엇을 해 줄 수 있나요?

〈카드 뒷면〉

〈사고 싶은 마음〉

- 내가 사고 싶은 마음은?
- 이 마음을 누가 쓸 것인가요?
- 이 마음을 왜 사려고 하나요?
- 이 마음을 팔아 주는 사람에게 무엇을 해 줄 수 있나요?

〈놀이 진행의 예〉

학생들은 마음카드에 사고 싶은 마음이나 팔고 싶은 마음을 작성하여 장터에 모인다.

'학생 1'의 카드

주 인: 다 모이셨나요? 그럼 오늘 마음장터를 열겠습니다.
('학생 1'을 가리키며) 장터에 왜 오셨나요?

학생 1: 사고 싶은 마음이 있어서 왔어요.

주 인: 어떤 마음을 사고 싶나요?

학생 1: 아침에 일찍 일어날 수 있는 마음을 사고 싶어요.

주 인: 누가 사용할 것인가요? 그리고 왜 사려고 하나요?

학생 1: 제 동생이 1학년인데 아침마다 늦잠을 자서 엄마에게 혼이 나요. 또 학교에 같이 등교하려고 기다리다 보면 지각하게 돼서 짜증이 나요.

주 인: (장터에 모인 다른 학생들을 둘러보며) 이 마음을 팔아 주실 분이 있나요? 아침에 일찍 일어나는 분이 있다면 그 마음을 조금 나누어 주시면 좋겠습니다.

학생 2: 제가 그 마음을 팔겠어요.

주 인: 아, 잘됐습니다. 그럼 '학생 1'은 그 대가로 무엇을 해 줄 수 있나요?

학생 1: '학생 2'를 업고 교실을 한 바퀴 돌겠습니다.

주 인: 네, 두 분의 거래가 이루어졌습니다. '학생 1'은 마음으로 동생에게 일찍 일어나는 마음을 선물해 주세요. ('학생 1'은 '학생 2'를 업고 교실을 한 바퀴 돈다. 돌아오면 다시 마음 사고팔기의 진행을 이어 간다.)

2 단계 마음의 힘

1단계 활동을 통하여 우리는 이 세상이 다양한 차원의 생명들이 서로 어울려 살아가는 하나의 생명공동체라는 것을 알게 되었습니다. 이러한 관점은 개인적인 특성만으로 나를 설명할 수 없음을 보여 주며, 나라는 존재를 보다 큰 생명공동체의 일부이면서 다른 한편으로는 수많은 생명들이 모여 한 몸을 이루고 있는 생명공동체라는 총체적인 관점으로 이해하기를 요구합니다.

생명공동체는 그것이 존재하는 방식, 즉 공동체로서의 생명을 움직이는 힘을 파악함으로써 그 실체를 이해할 수 있습니다. '나' 라고 하는 공동체를 움직이는 힘은 이미 1단계의 마지막 차시에서 확인했듯이 마음입니다. 마음은 모든 생명이 가지고 있는 공동 요소이자 시공의 한계를 뛰어넘어 서로를 연결해 줍니다. 또한 마음은 보이지 않지만 보이는 현상을 통해 그 모습을 드러냅니다. 그렇다면 이러한 물질계와 정신계가 존재하도록 하는 것은 무엇일까요? 모든 생명이 차원에 따라 개성적이고 독특한 특성을 이루면서 서로 교류할 수 있게 하는 무한한 생명력, 그것이야말로 진정한 우리의 근본 바탕, 우리의 참모습이라고 할 수 있습니다. 이러한 생명력이 나의 근본이라면 지금 우리가 나라고 받아들이는 것은 근본의 힘에 의해 스스로 만들어 낸 한시적인 모습에 불과한 것임을 알 수 있습니다. 또한 나는 언제나 그 힘을 자유롭게 쓰면서 살아왔고, 언제든지 마음으로 그 힘을 끌어내어 쓸 수 있는 존재임을 알 수 있습니다.

따라서 2단계에서는 마음에 대해 다룹니다. 먼저 '마음의 법칙' 찾기를 통해 마음의 작용을 탐구해 보고, 마음이 들고 나는 근원과 개별적인 나와의 관계에 대해 알아볼 것입니다. 끊임없이 변화하고 보이지도 않는 마음이라는 것에 법칙을 부여한다는 것은 어려운 일입니다. 그러나 학생들이 쉽게 이해하도록 하기 위해서 현상

속에 드러나는 마음의 보편적인 원리를 묶어 네 가지 법칙으로 제시하였습니다.

이러한 활동이 원만하게 진행되기 위해서는 우선 진행자 스스로가 이 단계에 대해 얼마나 공감하고 있는지 확인해야 합니다. 교사가 확신하는 만큼 학생들도 그 내용을 받아들이게 되므로 2단계의 내용을 교사 자신의 삶에 비추어 살펴본 다음 진행하는 것이 좋습니다. 다음으로 교사는 학생들이 집중할 수 있도록 수업 분위기를 고려하면서 수업을 준비해야 합니다. 보이지 않는 마음에 대해 다루기 때문에 주변 소재와 자료들을 많이 활용하여 학생들이 자신의 경험을 통해 이해할 수 있도록 하는 것이 좋습니다. 예를 들어, 학생들에게는 그날 학급에서 있었던 구체적인 상황이 교재에 있는 예화보다 더 쉽게 내용을 이해하고 공감하는 데 도움이 될 수 있습니다. 2단계의 세부 목표는 다음과 같습니다.

- '마음의 법칙' 을 통해 나와 주변 현상을 재인식한다.
- 우리를 변화시킬 수 있는 무한한 힘이 내면에 있음을 자각한다.
- 내면의 힘이 무엇인지 이해한다.

차시 구성

차시 제목	활동 목표	활동 내용
마음의 법칙 1	• 마음의 법칙 '모두가 마음으로 연결되어 있다.'를 발견할 수 있다.	• '마음의 법칙 1'에 대한 자료 얻기 • 토의하여 마음의 법칙 정하기 • 말과 마음의 통신방법의 차이 알아보기
마음의 법칙 2	• 마음의 법칙 '마음은 쓰는 대로 나온다.'를 발견할 수 있다.	• '마음의 법칙 2'에 대한 자료 얻기 • 토의하여 마음의 법칙 정하기 • 내가 쓰고 싶은 마음에 대해 이야기하기
마음의 법칙 3	• 마음의 법칙 '마음은 언제든지 바꿀 수 있다.'를 발견할 수 있다.	• '마음의 법칙 3'에 대한 자료 얻기 • 토의하여 마음의 법칙 정하기 • 마음바다 그리기
마음의 법칙 4	• 마음의 법칙 '마음 내는 대로 이루어진다.'를 발견할 수 있다.	• '마음의 법칙 4'에 대한 자료 얻기 • 토의하여 마음의 법칙 정하기 • 주제 토론하기
마음의 근원을 찾아서	• 자신의 내면에 마음이 일어나고 사라지는 근원이 있음을 알 수 있다.	• 떠오르는 마음 지켜보기 • 마음이 나오는 곳 지켜보기 • 마음의 근원에 이름 짓기
진짜 마음 가짜 마음	• 마음의 근원 주인공에 대해 생각해 볼 수 있다.	• 주인공에 대해 알아보기 • 노래 부르기
'주인공' 제품설명서	• '주인공' 제품설명서를 만들 수 있다.	• 애니메이션 감상하기 • '주인공' 제품설명서 만들기 • 작품 감상하기

1. 마음의 법칙 ❶

활동 목표: 마음의 법칙 '모두가 마음으로 연결되어 있다.'를 발견할 수 있다.

우리는 멀리 떨어져 있는 친구와 동시에 서로를 떠올렸음을 확인하게 되거나, 말없이 서로의 마음을 이해하는 경험을 하게 된다. 부모와 자식, 교사와 학생 등 결속력이 강한 관계일수록 서로의 마음을 더 빨리, 더 깊게 느낀다. 동물과 같은 생명체와 마음으로 대화하는 사람도 있다. 이런 현상은 보이는 세계가 서로 연결되어 있기에 마음도 시간과 공간 또는 대상의 제약을 받지 않고 서로 연결되어 있다는 사실을 보여 준다. 결국 우리 모두는 한마음을 서로 공유하고 있으면서 소유물처럼 네 마음, 내 마음을 애써 구분 짓고 있는 셈이다. 이 법칙을 진정으로 받아들이게 되면 말을 이해하려고 애쓰기보다 마음으로 이해하려 하게 되고 거짓됨이 줄어들게 된다. 말이란 보이지 않는 내면을 표현하기 때문에 불완전하지만, 마음은 내면 그대로가 가감 없이 전달되기 때문이다. 학생들이 자신의 내면에 이러한 마음의 잠재력이 있다는 것을 생각해 보고 생활에 적용할 수 있도록 안내한다.

활동 자료: 〈준비물〉 CD 케이스(개인당 2개)

〈예화〉 '폰 프란츠 의사 이야기'

〈활동지〉 [2]-1-1

활동 과정

과 정	내 용	자료 및 유의점
도 입 (5)	▶ 복잡한 현상을 쉽게 이해하는 방법 생각해 보기 다양하고 복잡한 현상을 쉽게 이해할 수 있는 방법을 생각해 보고, 원리나 법칙이 그 한 가지 방법임을 알게 한다. ▶ 학습 문제 '마음의 법칙 1'을 정해 보자.	
전 개 (30)	▶ 물질적 현상에서 자료 얻기 CD 케이스로 도미노 놀이를 함으로써 각각이 서로 연결되어 작용한다는 것을 확인한다. ▶ 예화와 학생 사례에서 자료 얻기 예화 '폰 프란츠 의사 이야기'와 학생 일기 사례를 통해 관련된 마음의 법칙을 생각해 본다. ▶ '마음의 법칙 1' 토의하여 정하기 모둠별로 주어진 자료를 토대로 마음의 법칙을 정하고, 관련된 경험을 공유하며 모두의 마음이 연결되어 있음을 확인한다. ▶ 말과 마음의 통신방법의 차이 생각해 보기 마음은 물질이 아니기 때문에 시간과 공간 그리고 대상의 제약을 받지 않고 서로에게 통신됨을 이해한다.	• 소리굽쇠의 공명 현상, 나비효과, 인간 파도타기, '퐁당퐁당' 노래 속에 들어 있는 물질적 현상을 자료로 제시할 수 있다. • 교재에 제시된 용어와 다른 용어가 도출되더라도 뜻이 통하면 굳이 같은 문장으로 고치지 않도록 한다. • CD 케이스 • 활동지(2-1-1)
정 리 (5)	▶ 소감 나누기 및 과제 제시 활동 소감을 나누고, '마음의 법칙 1'을 생활 속에 적용하는 과제를 제시한다.	

활동 전개

도입 (5분)

▶ **복잡한 현상을 쉽게 이해하는 방법 생각해 보기**

복잡한 현상을 쉽게 이해하는 방법에 대해 생각해 본다.

ⓣ 눈을 감고 바람을 느껴 볼까요? 바람이 어디서 오는지, 어디로 가는지 알 수 있나요? 복잡한 연산 문제를 어떻게 하면 쉽게 풀 수 있었나요?

ⓣ 보이지 않는 마음의 움직임을 어떻게 파악할 수 있을까요?

ⓣ 마음에 대해 이해하는 것이 우리에게 어떤 의미가 있을까요?

ⓣ 공기의 움직임을 알면 바람의 방향이나 날씨를 예상할 수 있고, 연산 규칙을 알면 복잡한 문제를 쉽게 해결할 수 있습니다. 아무리 복잡하고 이해하기 어려운 것도 아주 단순한 것에서 시작됩니다. 내 마음대로 되지 않는 마음도 사실은 아주 단순한 법칙에서 풀릴 수 있습니다. 마음의 법칙은 생활 속에서 쉽게 찾을 수 있습니다. 마음이 어떻게 우리에게 작용하는지 알게 되면 내가 내 마음을 좀 더 자유롭게 쓸 수 있겠지요. 비슷한 마음의 현상들을 묶어서 마음의 법칙을 정해 볼까요?

▶ **학습 문제: '마음의 법칙 1'을 정해 보자.**

전개 (30분)

▶ **물질적 현상에서 자료 얻기**

학생들이 준비해 온 CD 케이스로 모둠별 및 전체가 함께 도미노 놀이를 한다. 학생들의 관심이 활동 목표에서 멀어지지 않을 정도의 시간을 소요한다.

ⓣ 지난 시간에 우리는 눈에 보이는 모든 현상 속에는 마음이 숨어 있다는 것을 확인했습니다. 지금부터 여러분이 준비해 온 CD 케이스로 도미노 놀이를 하면서 이 현상의 원리와 같은 마음의 법칙에 대해 생각해 봅시다.

▶ 예화와 학생 사례에서 자료 얻기

예화 '폰 프란츠 의사 이야기'와 마음은 연결되어 있다는 내용의 학생 일기 사례를 자료로 제시한다.

| 폰 프란츠 의사 이야기 |

폰 프란츠라는 의사가 자신의 환자와의 사이에서 겪었던 일이다. 그는 자살 위험이 높은 환자를 맡고 있었는데, 그 환자에게 무슨 일이 생기면 자신에게 편지를 쓰겠다는 엄숙한 맹세를 듣고서야 휴가를 떠났다. 다음은 그가 쓴 글이다.

어느 날 아침 나는 장작을 패며 생각에 잠겨 있었다. (난 나중에 나의 사고과정을 정확하게 재구성할 수 있었다.) 나무가 아직 젖어 있어 나중에 쓰게 뒤뜰에다 쌓아 두면 그동안 좀 마르겠지 하는 생각을 하였다. 그런데 갑자기 그 환자의 얼굴이 떠올랐다. 그 바람에 내 생각의 흐름이 끊겼다. 다른 생각이 끼어드는 걸 느끼며 생각했다. 갑자기 그 환자가 나한테 바라는 게 뭘까? 왜 그녀에 대한 생각을 하게 되었을까? 하는 의문이 들었다. 그러다가 나는 장작에 관한 생각에서 그 환자를 연상시키는 것이 있었는지를 자문해 보았다. 하지만 그녀를 연상시키는 것은 아무것도 없었다. 다시 장작 패는 일로 돌아왔지만 그녀의 영상은 지워지지 않았다. 이번에는 위급한 느낌까지 들었다. 순간 나는 도끼를 내려놓고 눈을 감았다. 그리고 생각했다. 당장 차를 몰고 그녀에게 달려갈까? 그런데 아주 분명한 느낌이 왔다. 아니, 그건 너무 늦을 거야. 그래서 나는 전보를 쳤다. '바보 같은 짓 하지 말아요!' 나중에 그녀에게 전보가 도착한 것은 그로부터 두 시간 후였음이 밝혀졌다. 그녀가 부엌에 들어가서 가스 밸브를 여는 순간, 문 두드리는 소리가 났고 잠시 후 우편 배달부는 전보를 전해 주었다. 그녀는 당연히 그 우연의 일치에 대해 놀랐고, 그래서 다시 가스 밸브를 잠갔다. 그녀는 아직 우리와 함께 있다.

-『네 안에 잠든 요정을 깨워라』中-

(학생 사례 1 – 최서윤)

오늘 태권도 학원 차를 타고 돌아오는 길에 얼린 딸기를 요구르트와 갈아서 만든 슬러시가 무척 먹고 싶었어. 그래서 엄마에게 자꾸 마음을 보냈지. 그런데 집에 와 보니 엄마가 딸기 슬러시를 만들고 계시더라. 나도 처음에는 못 믿었어.. 그런데 슬러시가 먹고 싶다는 마음을 보냈더니 진짜 전달된 거 있지? 정말 신기했어. 앞으로 이런 일이 많이많이 생겼으면 좋겠어.

(학생 사례 2 – 박연지)

선생님께서 눈을 감고 친구를 생각해 보라고 하셨어요. 근데 전 도원이가 생각나지 뭐예요? 다 생각했으면 누구를 생각했는지 발표를 하라고 했어요. 그런데 도원이가 발표를 했는데, 도원이도 저를 생각했대요. 그리고 제가 파일을 열고 있었는데 도원이도 파일을 열었어요.

ⓘ 환자가 자살을 하려고 했을 때 폰 프란츠 의사는 어디에서 무엇을 하고 있었나요? 의사는 왜 환자에게 전보를 쳤나요? 환자와 멀리 떨어져 있던 의사는 어떻게 환자의 상태를 알 수 있었을까요?

ⓘ 서윤이와 연지의 일기 속에는 어떤 마음의 법칙이 들어 있을까요?

▶ '마음의 법칙 1' 토의하여 정하기

모둠별로 마음의 법칙을 정하고 그 법칙에 해당되는 자신의 경험을 서로 나누면서 활동지(②-1-1)를 완성한다. 전체 활동을 통해 각 모둠의 법칙에서 공통된 사항을 모아 학급의 '마음의 법칙 1'을 결정한다.

ⓘ 각 모둠에서 정한 '마음의 법칙 1'은 무엇인가요? 왜 그렇게 정했나요? 법칙과 관련된 자신의 경험을 발표해 볼까요?

ⓘ 지난 시간에 물질계를 움직이는 것은 마음이라는 것을 확인했지요. 그런데 이 마음은 개별적인 너와 나를 움직일 뿐만 아니라 서로 연결되어 있습니다. 우리가 서로의 말을 이해하는 것도 몸은 떨어져 있지만 마음이 연결

되어 있기 때문에 가능한 일입니다.

▶ 말과 마음의 통신방법의 차이 생각해 보기

말과 마음의 통신방법의 차이에 대해 알아본다.

ⓘ 우리 인간은 대개 언어를 통해 서로의 생각을 주고받는다고 알고 있지만, 오늘 활동에서 확인한 바와 같이 마음으로도 소통하며 살아가고 있습니다. 이 두 가지 방법은 어떤 차이가 있을까요?

ⓘ 마음은 시간과 공간 그리고 대상의 제약을 받지 않습니다. 말은 주고받는 시간이 필요하지만 마음은 형태가 없기 때문에 상대방에게 전달하는 데 시간이 필요 없습니다. 세상에는 동물이나 식물과 대화를 나누는 사람들도 있습니다. 우리 모두의 공통 언어가 바로 마음이기 때문입니다. 아무리 멀리 떨어져 있어도 서로에 대한 마음이 간절하면 전달이 됩니다. 부모님이나 좋아하는 친구들, 예뻐하는 강아지와 같이 자신이 중요하게 생각하는 사람일수록 더 쉽게 마음이 전해집니다.

ⓘ 말은 마음의 표현이므로 대화를 할 때 상대방의 말 속에 담긴 마음을 느껴 보려고 하다 보면 더 쉽고 정확하게 상대방의 상황을 이해할 수 있습니다. 예를 들어, 부모님이 화를 낼 때도 지금 나에게 어떤 마음을 전하려고 하실까? 하고 생각해 보면 그 말과 행동 속에 나를 아끼는 마음을 발견할 수 있습니다.

정리 (5분)

▶ 소감 나누기 및 과제 제시

활동 소감을 나누고, '마음의 법칙 1'을 찾아서 생활 속에 적용해 보는 과제를 제시한다.

ⓘ 마음을 전달하고 싶은 사람이 있나요? 누군가의 마음을 잘 이해하고 싶나요? 그렇다면 그 사람이 나와 마음으로 연결되어 있다는 것을 믿고 통신을 해 보도록 합니다. 마음의 통신은 내가 가지고 있지만 쓰지 못하고 있는 잠재력을 키우는 방법이기도 합니다.

교사 자료실

교사의 침묵

침묵은 선생님과 학생들이 서로 마음으로 연결되어 있음을 느낄 수 있는 도구로 활용할 수 있다. 수업 시작 전 교사가 아무 말 없이 명상을 한다. 대부분의 학생들은 어쩔 줄 몰라 하다가 나름대로 동작을 취한다. 이번 시간에 공부할 내용을 읽는 학생, 선생님처럼 명상을 하는 학생……. 모두가 어떻게 하면 선생님의 마음에 들게 행동할지 고민하면서 최선을 다하고 있다. 분위기가 가라앉으면 선생님은 자세를 풀고 학생들을 향해 만족스러운 미소를 지어 보인 후 왜들 그러고 있는지 물어본다. 이것이 오늘 우리가 활동할 '마음의 법칙 1'의 첫 번째 자료라고 제시해 주고 다음 활동으로 넘어간다.

물질적 현상

다음 현상들은 물질이 떨어져 있어도 사실은 주변의 것과 분리되어 있지 않으며 서로에게 작용하고 있음을 보여 준다.

ⓘ 소리굽쇠의 공명 현상　모든 물체는 고유한 소리의 진동수가 있다. 보통 하나의 물체에는 여러 개의 고유한 진동수가 존재하지만, 소리굽쇠는 오직 한 진동수의 음만 내도록 고안되었다. 고유 진동수가 같은 두 개의 소리굽쇠 중 하나를 울리면 떨어져 있는 소리굽쇠는 때리지 않아도 같이 진동한다. 음파가 두 번째 소리굽쇠에 부딪치면서 공기가 소리굽쇠를 진동시키기 때문이다. 그리고 공기가 소리굽쇠를 울리는 진동수가 소리굽쇠의 고유 진동수와 일치하므로 진동의 폭은 점점 더 커지고, 따라서 소리도 더 커지는 공명 현상이 일어난다.

ⓘ 나비효과　미국의 기상학자 에드워드 로렌츠(E. Lorentz)가 1961년 기상 관측을 하다가 발견한 원리로, 브라질에서 사는 나비의 날갯짓이 미국 텍사스에 토네이도를 발생시킬 수도 있다는 과학이론이다. 이 가상 현상은 기존의 물리학으로는 설명할 수 없는 이른바 '초기 조건에의 민감한 의존성', 곧 작은

변화가 결과적으로 엄청난 결과를 초래할 수 있음을 표현하고자 한 것이다. 사회적으로는 디지털과 매스컴의 혁명으로 정보의 흐름이 매우 빨라지면서 지구촌 한구석의 미세한 변화가 순식간에 전 세계적으로 확산되는 것을 예로 들 수 있다. 여기서는 모든 것들이 서로 연결되어 작용하고 있음을 확인하는 자료로 활용할 수 있다.

ⓘ 인간 파도타기　사람들이 적당한 간격을 유지한 채 하나의 행동을 서로 전달하는 놀이다. 주로 양팔을 움직여 파도의 형상을 전달하는데, 각각의 움직임이 모여 하나의 큰 움직임을 만들며, 사람들 간에 즐거움과 화합을 도모할 수 있는 놀이다.

ⓘ '퐁당퐁당' 노래에 담긴 현상　노랫말에는 냇가의 반대편에 있는 남매가 서로의 마음을 주고받는 내용이 들어 있다. 빨래를 하고 있는 누이에게 장난을 걸고 싶은 동생이 건너편에서 돌을 던져 그 파동을 누이에게 전달하는 모습이 연상된다. 한쪽에서 형성된 물결이 사방으로 멀리 퍼져 나가는 현상을 통해 서로 연결되어 작용함을 알 수 있다.

기쁨 바이러스

누군가를 기쁘게 해 주면 내 자신이 기뻐지고, 누군가를 언짢게 하면 내 자신이 괴로워진다. 이것이 바로 마음의 메아리다. 마음의 뿌리는 하나이기 때문이다.

마음이 연결되어 있는 주변 사례

- 옆 사람의 마음이 급해지면 나도 급해지는 것
- 친구가 이야기할 때 들어 주는 것
- 친구가 발표하면 나도 하고 싶은 라이벌 의식
- 친구가 장난을 걸어오면 같이 장난을 치는 것
- 한 사람이 좋은 생각을 하면 주변 사람들도 좋은 생각을 하게 되는 것
- 옆 사람이 울면 같이 눈물이 나오는 경우
- 조퇴하는 친구를 보면 나도 아픈 것 같고 같이 조퇴하고 싶을 때

[학생 사례]

마음의 법칙 ❶

모둠별로 토의 활동을 하여 마음의 법칙을 찾아 정리해 보세요.

✏ 내가 생각한 마음의 법칙

마음은 하나로 연결되어 있다.

✏ 모둠에서 토의된 마음의 법칙

마음은 모두 연결되어 있다.

우리가 정한 '마음의 법칙 1'과 관련된 생활 속의 경험을 발표해 보고, 친구들의 경험담도 써 보세요.

	마음의 법칙 1 "이렇게 경험했어요"
홍정민	밤에 몹시 아팠는데 이모가 깨어서 간호해 주셨다.
조현준	마음속으로 형한테 욕하고 있었는데, 갑자기 형이 주먹을 날렸다.
이지현	학원에 우산을 놓고 와서 다시 가려고 할 때 선생님이 우산을 가지고 내려 오셨다.

2. 마음의 법칙 ❷

활동 목표: 마음의 법칙 '마음은 쓰는 대로 나온다.'를 발견할 수 있다.

마음은 쓰는 대로 나온다. 먹고사는 단순함에서부터 일에 대한 성취, 나와 우주의 본질에 대한 추구에 이르기까지 마음의 작용은 끝이 없다. 다른 사람을 해치든, 자신을 고정관념 안에 가두든, 창의적이든, 어떤 것을 추구하든지 간에 마음은 그 방향으로 심화되고 확장된다. 그러나 우리 대부분은 '나는 무엇을 할 수 있고, 무엇은 못한다.' '나는 이러이러한 성격을 가졌다.' '나는 나쁜 사람이다.' 등의 마음으로 자신을 규정짓고 그 안에 스스로를 가둔다.

학생들은 친구들과 자신을 비교하여 위축되거나 우쭐해하며 서로를 규정짓기 시작한다. 그것은 점차로 자신을 가두기 시작하는 길이다. 그러나 친구와 나의 차이는 내가 쓴 마음의 차이에서 비롯되는 것일 뿐이다. 따라서 어떤 마음이든 쓸 수 있는 선택권이 자신에게 있다는 것을 인식하도록 하는 것이 중요하다. 또한 어떤 상황에서든지 부정적인 마음보다는 긍정적으로 사고할 수 있는 마음 자세를 갖도록 안내한다.

활동 자료: 〈플래시〉 다양한 마음

〈예화〉 '스님과 소장수' '이성계와 무학대사'

〈활동지〉 2-2-1

활동 과정

과정	내 용	자료 및 유의점
도 입 (3)	▶ 과제 확인하기 전시 학습 과제의 결과를 발표하면서 그다음 마음의 법칙을 찾아보게 한다. ▶ 학습 문제 '마음의 법칙 2' 를 정해 보자.	
전 개 (32)	▶ 플래시 내용에서 자료 얻기 여러 가지 마음을 담은 플래시 자료를 보면서 관련된 마음의 법칙을 생각해 본다. ▶ 예화에서 자료 얻기 예화 '스님과 소장수' 를 읽고 등장인물의 마음 씀씀이에 대해 의견을 나누면서 관련된 마음의 법칙을 생각해 본다. ▶ '마음의 법칙 2' 토의하여 정하기 모둠별로 토론을 하여 마음의 법칙을 정하고, 관련된 경험을 공유하며 마음은 쓰는 대로 나옴을 확인한다. ▶ 내가 쓰고 싶은 마음 이야기하기 자신이 쓰고 싶은 마음에 대해 이야기를 나누면서 어떤 마음이든 자신이 선택할 수 있음을 이해한다. ▶ 지혜롭게 마음 쓰는 방법에 대해 생각해 보기 예화 '이성계와 무학대사' 를 들으며 마음을 지혜롭게 쓰는 방법을 생각해 본다.	• '마음의 법칙 2' 는 마음은 무한하다, 마음은 마음대로 쓸 수 있다, 마음은 다양하다, 마음은 내가 원하는 대로 쓴다 등 여러 가지로 이해될 수 있다. • 플래시 자료 • 예화 '스님과 소장수' • 활동지(2-2-1)
정 리 (5)	▶ 활동 소감 나누기 활동을 통해 느낀 점을 함께 나누는 시간을 갖는다.	

활동 전개

도입 (3분)

▶ **과제 확인하기**

전시 학습 과제로 제시되었던 '마음의 법칙 1'의 적용 결과를 함께 나누고, 학습 문제를 제시한다.

▶ **학습 문제: '마음의 법칙 2'를 정해 보자.**

전개 (32분)

▶ **플래시 내용에서 자료 얻기**

여러 가지 마음이 담겨 있는 플래시 자료를 함께 보면서 관련된 마음의 법칙을 생각해 본다.

ⓣ 마음 바다에 여러 가지 마음이 떠 있네요. 이들 마음 중 '짜증'이란 마음을 꺼내면 이 보이지 않는 마음이 어떻게 드러나는지 볼까요?

▶ **예화에서 자료 얻기**

예화를 듣고 등장인물의 마음 씀씀이에 대해 이야기하면서 마음의 법칙에 대한 자료를 얻는다.

ⓣ 스님과 소장수, 원님은 어떤 마음을 썼나요?
ⓣ 스님과 소장수, 원님이 쓴 마음은 그들에게 어떤 행동을 하게 했나요?
ⓣ 스님과 소장수, 원님에게 다른 마음은 없었을까요?
ⓣ 소장수가 욕심 내는 마음은 누가 선택했나요? 등장인물들이 자기가 가지고 있는 여러 마음 중에서 한 가지 마음을 썼을 때 그 마음은 누가 선택했나요?

▶ **'마음의 법칙 2' 토의하여 정하기**

모둠별로 마음의 법칙을 정하고 관련된 경험을 나누면서 활동지(2-2-1)에 작성한다. 전체 활동을 통해 학급의 '마음의 법칙 2'를 결정한다.

| 스님과 소장수 |

충청도 어느 산골에 짚신을 만들어 파는 가난한 스님이 있었다. 스님이 하루는 쌀을 사러 장에 가는데 길가에 돈 자루가 떨어져 있었다. 세어 보니 스무 냥이었다. '이렇게 큰돈을 잃었으니 얼마나 마음이 아플꼬.' 스님은 돈을 찾아 주려고 급히 장터로 달려갔다. 그때 소장수끼리 하는 이야기가 들렸다.

"여보게, 이를 어쩐담. 소를 사려고 이십 냥이나 갖고 왔는데 어디다 빠뜨렸는지 찾지를 못하겠네. 누가 주워서 돌려주면 얼마나 좋겠나."

"그렇게 큰돈을 누가 돌려주겠는가? 잃어버린 돈으로 복 지었다 치고 마음이나 편하게 먹게."

소장수는 힘없이 터덜터덜 길을 걸었다. 스님은 소장수를 따라가서 물었다.

"당신 정말 돈을 잃어버렸소? 얼마를 잃었소? 돈 자루가 어떻게 생겼소?"

스님의 물음에 소장수는 스무 냥의 돈과 때 묻은 돈 자루의 모양을 자세히 설명했다. 스님은 바랑에서 돈주머니를 꺼냈다. 그리고 돈주머니에서 두 냥을 꺼내고는 스무 냥을 돌려주었다.

"이 두 냥은 내가 쌀을 사기 위해 같이 넣어 두었던 돈이라오."

소장수는 자루를 쏟아 돈을 세어 보더니 갑자기 말을 바꾸었다.

"그 두 냥도 내 겁니다. 아까는 소 값만 말했고 삼베 값을 같이 뭉쳐 놓은 것을 깜빡 잊었습니다."

스님은 어처구니가 없었다. 돈을 찾아 준 대가는 고사하고 쌀을 살 돈까지 빼앗길 처지가 되었기 때문이다. 할 수 없이 관가에 가서 판결을 받기로 했다. 원님은 상황을 확인한 후, 다음과 같은 판결을 내렸다.

"스님이 주운 돈은 스무 냥이고, 소장수가 잃어버린 돈은 스물 두 냥이라면 이 돈은 분명 소장수 것이 아니오. 그러니 스님은 이 돈을 다시 가져가서 진짜 임자를 찾아 주시오."

소장수는 마치 죽은 사람처럼 얼굴이 창백해져 아무 말도 못하고 관가를 나왔다. 이를 본 스님은 소장수에게 다가갔다.

"판결대로라면 돌려줄 수 없으나 이 돈은 당신 거요. 내 어찌 남의 돈을 가지겠소. 어서 가져가시오."

소장수는 얼른 돈을 받아 쥐었다.

"다음부터는 마음을 잘 쓰도록 하시오. 내가 마음 쓴 대로 받는 것이 세상의 이치라오."

ⓘ 각 모둠에서 정한 '마음의 법칙 2'는 무엇인가요? 왜 그렇게 정했나요?

ⓘ 마음은 쓰는 대로 나옵니다. 우리는 어떤 마음이든 쓸 수 있습니다. 화를 내거나 즐거워하는 것 외에도 다른 사람을 미워하는 마음, 아껴 주는 마음, 세상을 위해 좋은 일을 하는 마음 등 그 어떤 마음도 가능합니다.

▶ 내가 쓰고 싶은 마음 이야기하기

플래시 자료를 다시 보면서 자신이 쓰고 싶은 마음에 대해 발표한다.

ⓘ 내가 쓰고 싶은 마음에 대해 이야기해 볼까요?

ⓘ 내가 본받고 싶은 사람이 있나요? 그 이유는 무엇인가요? 그 사람은 어떤 마음을 썼을까요?

ⓘ 어떤 마음이든지 그것은 현실로 나타납니다. 내가 어떻게 마음을 쓰는가에 따라 나는 그 마음과 같은 사람이 됩니다. 공부를 잘하겠다고 마음을 쓰면 내 몸은 그렇게 움직입니다. 동생을 아껴 주겠다고 마음을 쓰면 동생을 도와주는 행동을 하게 됩니다. 다른 사람을 미워하게 되면 나도 모르게 욕을 하거나 상대방을 해치는 행동을 하게 됩니다. 마음에 따라 내 몸이 움직이기 때문입니다. 나는 사람들이 싫어하는 사람이 될 수도 있고, 좋아하고 존경받는 사람이 될 수도 있습니다. 그렇게 되도록 하는 것은 바로 나 자신이 어떤 마음을 쓰느냐에 달려 있습니다.

▶ 지혜롭게 마음 쓰는 방법에 대해 생각해 보기

예화 '이성계와 무학대사'를 들으며 마음을 지혜롭게 쓰는 방법을 생각해 본다.

| 이성계와 무학대사 |

태조 이성계가 임금이 되기 전 다음과 같은 꿈을 꾸었다. 꽃이 피었다가 우수수 떨어지더니 까마귀가 까옥까옥 울면서 날아가고, 또 대문에는 허수아비가 대롱대롱 매달려 있는데 거울이 와르르 깨지는 것이었다. 너무나 기분이 안 좋은 이성계는 무학대사를 찾아가서 꿈 이야기를 했다. 이야기를 들은 무학대사는 한참을 묵묵히 있다가 "까마귀가 울고 간 것은 '가옥가옥' 이니까 지금으로 치면 청와대에 든다는 뜻이고, 꽃이 떨어진 것은 열매를 맺는다는 뜻이고, 허수아비가 대롱대롱 매달린 것은 모든 사람들이 우러러 본다는 뜻이고, 거울이 깨진 것은 모든 사람들에게 소문이 난다는 뜻입니다."라고 해몽을 해 주었다. 이성계는 마음이 바뀌어서 돌아갔고, 나중에 조선을 건국한 임금이 되었다.

ⓘ 똑같은 꿈에 대해 이성계와 무학대사가 쓴 마음은 어떤 차이가 있나요? 비슷한 경험이 있나요?

ⓘ 마음을 지혜롭게 쓴다는 것은 어떤 의미일까요? 마음을 지혜롭게 쓰는 방법은 무엇일까요?

ⓘ 마음을 어떻게 쓰느냐에 따라 나와 주변을 이롭게 하기도 하고 괴로움을 주기도 합니다. 무학대사처럼 안 좋은 일도 긍정적으로 생각하는 것은 지혜로운 마음 씀씀이입니다. 마음은 쓰는 대로 나오기 때문에 안 좋은 일이 있어도 그것을 좋게 생각하면 그대로 좋게 나오게 됩니다. 나만을 위하지 않고 다른 사람을 생각하는 마음도 나를 성숙한 사람으로 성장시키고 주변 사람들에게도 행복을 주는 지혜로운 마음입니다.

정리 (5분)

▶ 활동 소감 나누기

활동을 하면서 느낀 점을 함께 나눈다.

ⓘ 앞으로 생활하면서 마음을 쓸 때 '내가 이 마음을 쓰면 어떤 행동을 하게 될까?' 또는 '좀 더 지혜로운 마음은 무엇일까?'라는 생각을 먼저 해 보세요. 그러면 자신에게도 주변 사람에게도 유익한 지혜로운 말과 행동을 하는 사람이 될 것입니다.

[학생 사례]

마음의 법칙 ❷

모둠별로 토의 활동을 하여 마음의 법칙을 찾아 정리해 보세요.

✏ 내가 생각한 마음의 법칙

마음은 나의 생각에 의해 생긴다.

✏ 모둠에서 토의된 마음의 법칙

마음은 긍정적으로 생각하면 긍정적으로 나온다.

우리가 정한 '마음의 법칙 2'와 관련된 생활 속의 경험을 발표해 보고, 친구들의 경험담도 써 보세요.

마음의 법칙 2 "이렇게 경험했어요"	
임수미	2학년 때 볼거리에 걸렸는데 나을 수 있다고 생각해서 나았다. 나는 다른 친구들에게도 희망을 주었다.
이상규	한자 시험을 치르러 갈 때 공부를 하지 않았다. 그래서 시험 시작 전에 몇 분간 명상을 했더니 시험이 아주 순조롭게 시작되어 여유롭게 끝났다.
정승훈	옛날에 할머니 집에 갔다가 우물에 빠졌는데 밖으로 나갈 수 있다고 생각했다. 그런데 정말 아버지가 구해 주셨다.

3. 마음의 법칙 ❸

활동 목표: 마음의 법칙 '마음은 언제든지 바꿀 수 있다.' 를 발견할 수 있다.

'마음의 법칙 2' 가 마음의 무한함에 대한 것이라면, 이번 차시에서는 왜 그러한 마음을 마음대로 쓰지 못하는가에 대해 다루게 된다. 마음은 한계가 없을 뿐만 아니라 끊임없이 변한다. 그런데 왜 우리의 삶은 반복되고 마음은 내 마음대로 쓸 수 없는 것일까? 그것은 고정관념 때문이다. 고정관념은 무한한 마음을 마음대로 쓰지 못하게 하는 원인이 된다. 예를 들어, 수학시간에 문제해결에 어려움을 겪었던 학생에게 다음 수학시간은 괴로움이다. 모든 조건이 새롭게 바뀌었는데도 어제의 괴로움은 그러한 상황을 똑바로 보지 못하게 한다. 이러한 경험이 몇 번 반복되면 그 학생의 마음에는 '수학은 어렵고 나는 수학을 잘 못한다.' 는 고정관념이 자리 잡게 된다. 만약 전날 수학이 어려웠더라도 다음 시간을 새롭게 맞이할 수 있었다면 상황은 어떻게 되었을까? 선생님이나 친구에게 도움을 요청했을 수도 있고, 혹은 그 전에 그들이 먼저 도움을 줄 수도 있었을 것이다. 어제는 이해할 수 없었던 것이 오늘은 이해될 수도 있었을지 모른다. 어제의 괴로움이 오늘 힘을 갖게 되는 것은 괴로웠던 마음이 여전히 마음속에 있기 때문이다. 상황이 고정되고 마음이 고정된 것이 아니라, 고정되었다고 인식하는 그 마음이 문제가 된다. 이번 차시에서는 학생들이 마음이란 고정되지 않는 것임을 인식하고, 고정시켜 놓은 마음이 자신의 삶에 어떤 영향을 미치는지 살펴본다. 그리고 마음은 고정되지 않는 것이기 때문에 언제든지 바꿀 수 있음을 자각하고, 이를 생활에 적용해 볼 수 있도록 안내한다.

활동 자료: 〈예화〉 '악광과 실뱀'

〈활동지〉 2-3-1

2-3-2

활동 과정

과 정	내 용	자료 및 유의점
도 입 (3)	▶ 전시 내용 상기하기 전시 활동을 상기하면서 마음의 법칙 발견하기에 대한 관심을 끌어낸다. ▶ 학습 문제 '마음의 법칙 3' 을 정해 보자.	
전 개 (32)	▶ '감각 실험' 놀이에서 자료 얻기 자신의 마음에 따라 감각이 변화함을 경험하면서 관련된 마음의 법칙을 생각해 본다. ▶ 예화와 학생 사례에서 자료 얻기 예화 '악광과 실뱀' 과 학생의 마음 변화 사례를 들으며 관련된 마음의 법칙을 생각해 본다. ▶ 마음의 법칙 토의하여 정하기 모둠별로 마음의 법칙을 정하고 관련된 경험을 공유하면서 마음은 고정됨이 없어 언제든지 바뀔 수 있음을 확인한다. ▶ 마음 바다 그리기 활동지(2-3-2)를 활용하여 자신의 고정관념을 찾아보고, 그것들이 자신에게 어떤 영향을 미치고 있는지 생각해 본다.	• 예화 '악광과 실뱀' • 활동지(2-3-1, 2-3-2) • 작성된 활동지(2-3-2)는 3단계의 '마음 다스리기' 차시에서 활용한다.
정 리 (5)	▶ 활동 소감 나누기 활동을 통해 느낀 점을 함께 나누는 시간을 갖는다.	• 자신의 생활에서 '마음의 법칙 3'을 적용하려는 마음을 갖도록 안내한다.

활동 전개

도입 (3분)

▶ **전시 내용 상기하기**

전시 활동을 상기하면서 마음의 법칙 발견하기에 대한 관심을 끌어낸다.

▶ **학습 문제: '마음의 법칙 3'을 정해 보자.**

전개 (32분)

▶ **'감각 실험' 놀이에서 자료 얻기**

상상에 의해 우리 몸의 감각이 변화하는 간단한 실험을 하면서 이러한 현상에 해당되는 마음의 법칙을 생각해 본다. 손의 감각이 바뀌는 느낌이 들 때까지 충분히 상상하도록 시간을 준다.

ⓘ 눈을 감고 마음으로 따뜻한 욕조의 물을 떠올립니다. 김이 모락모락 올라오는 물을 바라보세요. 어떤 느낌인가요? 그 안에 손을 살짝 넣어 봅니다. 손의 느낌이 어떠한가요?

ⓘ 이번에는 마음으로 냉장고 앞으로 가 섭니다. 냉장고 문을 열고 냉기가 밖으로 나오는 것을 지켜보세요. 어떠한가요? 냉장고 안에 손을 넣어 봅니다. 손의 느낌이 어떠한가요?

▶ **예화와 학생 사례에서 자료 얻기**

예화 '악광과 실뱀'과 마음이 고정되지 않고 시시각각 바뀌는 학생의 일기 사례를 들으면서 관련된 마음의 법칙을 생각해 본다.

| 악광과 실뱀 |

진나라에 악광이란 사람이 있었다. 악광에게는 친한 친구가 있었는데 오랫동안 찾아오지를 않았다. 악광은 이상하게 생각하고 친구에게 그 까닭을 물었다.

"얼마 전에 자네 집에 가서 술대접을 받았을 때 말이야. 술잔을 들어 마시려고 하는데 잔 속에 실뱀이 보이지 않겠나? 기분이 나빴지만 버릴 수도 없고 해서 그냥 마셨는데 그 후부터 이렇게 몸이 안 좋아졌지 뭔가?"

악광은 이상한 일이라고 생각했다. 분명히 전에 마신 술은 뱀술이 아니었기 때문이다. 어느 날 악광은 친구를 불러 전에 술을 대접했던 방으로 데리고 갔다. 악광은 다시 술상을 차리게 하여 그 자리에서 술을 마셨다. 악광은 친구의 잔에 술을 따라 주고 친구에게 물었다.

"잔 속에 또 뱀이 있나?"

"맞아, 전과 같은 실뱀인걸."

악광은 빙그레 웃으며 벽을 가리켰다. 그 방 벽에는 활이 걸려 있었는데, 그 활에는 뱀의 그림이 그려져 있었다.

"하하, 그 뱀은 저 활에 그려져 있는 뱀의 그림자야."

"아니, 뭐라고?"

그 친구는 순간 깨닫고 병이 곧 낫게 되었다.

(학생 사례 1)

오늘 집에 갔더니 할머니께서 내 방을 치워 주신다고 온통 방안을 들쑤셔서 방 안이 엉망이었다. 어제 마무리를 못해 그대로 두었던 미술 작품이 휴지통에 있었다. 화가 나서 할머니께 막 화를 내었다. 문을 꽝 닫고 나오는데 얼른 구겨진 도화지를 펴시는 할머니의 모습이 보였다. 거실에서 텔레비전을 켜 놓고 좋아하는 만화를 보는데 자꾸 할머니께 화났던 마음이 미안한 마음으로 바뀌었다. 그래서 방에 다시 들어가 할머니께 죄송하다고 말씀 드렸다.

(학생 사례 2)

오늘 왠지 기분이 너무너무 좋았어. 어제 전교회장 선거에서 떨어졌는데, 내가 아무래도 이상한 건가? 선거에서 떨어졌을 땐 내가 바보 같고 속상했는데, 오늘 아침에 선생님이 나를 위로해 주시자 마음이 너무 편안해졌어. 기분이 너무 좋아서 집에 오자마자 속상한 마음이 텅~ 비워졌어! 우아~ 정말, 6학년이 돼서 이렇게 속이 시원한 적은 처음인 것 같아!

▶ 마음의 법칙 토의하여 정하기

자료를 토대로 모둠별로 마음의 법칙을 정하고 그 법칙에 관련된 자신의 경험을 나누면서 활동지(②-3-1)를 완성한다. 전체 활동에서 학급의 '마음의 법칙 3'을 정한다.

ⓘ 각 모둠에서 정한 '마음의 법칙 3'은 무엇인가요? 왜 그렇게 정했나요?

ⓘ 마음은 고정되어 있지 않아 언제든지 바뀝니다. 감각 실험이나 예화에서처럼 마음이 바뀌면 몸도 바뀌게 됩니다.

▶ 마음 바다 그리기

활동지(②-3-2)에 자신에 대해 고정시켜 놓은 마음과 그것이 실제 자신의 생활에 어떤 영향을 미치고 있는지 표현해 본다.

ⓘ 변하지 않는 마음이 있을까요? 있다면 왜 그렇게 생각하나요?

ⓘ 만약 악광의 친구가 계속 술잔 속에 뱀이 있었다고 생각했다면 어떻게 되었을까요?

ⓘ 마음이 고정되어 있다면 어떻게 될까요? 만약 스스로가 노래를 못한다고 계속해서 생각하면 어떻게 될까요? 친구를 미워하는 마음이 변하지 않고 계속 그대로 있다면 어떻게 될까요?

ⓘ 나 자신에 대해서 고정시켜 놓은 마음('나는 ~한 사람이다.' '나는 ~을 못한다.' 등)이 있나요? 그 마음과 그것이 실제 나의 생활에 어떤 영향을 미치고 있는지 마음 바다에 표현해 보세요.

ⓘ 마음은 고정되어 있지 않아서 계속 변한다는데, 왜 어떤 마음은 고정관념이 되는 것일까요?

ⓘ 마음은 고정됨이 없이 변하지만 우리가 그 마음을 계속 붙잡고 있기 때문에 고정관념이 되는 것입니다. 한번 생각한 것을 그다음에 또 생각하면 자꾸자꾸 그 힘이 세져서 그것이 나중에는 변할 수 없는 사실처럼 느껴지게 됩니다. 그러면 몸은 그 사실을 현상으로 보여 줍니다. 그러나 그것이 사실이 아니라 내가 그렇게 생각하는 것뿐이라는 사실을 알게 되면 악광의 친구처럼 몸도 역시 바뀐 생각대로 변하게 되는 것입니다. 여러분이

마음 바다에 표현한 고정된 마음도 자신이 만든 생각이므로 언제든지 바뀔 수 있다고 진실로 믿는다면 바뀌게 될 것입니다.

정리 (5분)

▶ 활동 소감 나누기

활동을 하면서 느낀 점을 함께 나눈다.

[학생 사례]

마음의 법칙 ❸

모둠별로 토의 활동을 하여 마음의 법칙을 찾아 정리해 보세요.

✏ 내가 생각한 마음의 법칙

마음은 내가 쓰는 대로 내 모습을 변화시킨다.

✏ 모둠에서 토의된 마음의 법칙

마음은 바꾸어 쓸 수 있다.

우리가 정한 '마음의 법칙 3' 과 관련된 생활 속의 경험을 발표해 보고, 친구들의 경험담도 써 보세요.

마음의 법칙 3 "이렇게 경험했어요"	
조현준	처음에는 나보다 무엇이든 잘하는 친구들을 질투했는데 마음을 바꾸었더니 지금은 그 친구들과 더욱더 친해졌다.
배은진	내 목소리가 작다고 생각했는데 마음을 바꾸었더니 목소리가 커져서 또박또박 발표할 수 있었다.
이상규	라면을 많이 먹으려고 했는데 동생이 먹고 싶어 하는 것 같아 양보했다.

4. 마음의 법칙 ❹

활동 목표: 마음의 법칙 '마음 내는 대로 이루어진다.'를 발견할 수 있다.

눈에 보이는 현상은 수많은 생명들이 낸 마음이 모여 이루어진 마음의 작용이라고 할 수 있다. 그것이 이루어지기까지의 시간과 과정은 마음 낸 사람의 처음 계획과는 다를 수 있다. 개인의 계획이란 말 그대로 함께 어우러지는 전체를 보지 못하는 개별적인 시각에 의한 것이기 때문이다. 우리 몸에 있는 세포 하나하나가 약 40억 년의 지구 생명의 역사를 저장하고 있다는 사실에 비추어 본다면, 내가 결코 원한 적이 없어 보이는 상황도 언젠가 내가 냈던 마음이 드러날 시기가 되어 펼쳐진 것이라고 할 수 있다.

'마음의 법칙 2' 에서는 우리가 내는 마음은 무한하며, 그 무한한 마음을 지혜롭게 사용하는 것에 초점을 맞추었다면, 여기서는 마음 내는 대로 이루어지는 결과적 측면에 대해 다루게 된다. 이 법칙은 학생들에게 자신의 꿈을 성취하려는 마음에 긍정적인 영향을 미칠 수 있다. 하지만 실제 생활에서 마음 낸 것이 항상 바로 이루어지는 것은 아니기 때문에 그만큼 의문을 가지기도 쉽다. 교사는 학생들이 가질 수 있는 의문에 대해 함께 토론하면서 마음 낸 것이 당장 이루어지느냐 아니냐보다는 먼저 어떤 일을 이루고자 하는지 자신의 꿈과 마음 씀씀이의 중요성에 대해 생각해 보게 한다.

활동 자료: 〈준비물〉 요요, 부메랑

〈만화 1, 2〉 '마음 낸 것은 반드시 이루어질까'

〈활동지〉 [2]-4-1

[2]-4-2

활동 과정

과정	내용	자료 및 유의점
도입 (3)	▶ 전시 내용 상기하기 전시 활동을 상기하면서 마음의 법칙 발견하기에 대한 관심을 끌어낸다. ▶ 학습 문제 '마음의 법칙 4' 를 정해 보자.	
전개 (32)	▶ 놀이에서 자료 얻기 부메랑, 요요 놀이를 하면서 관련된 마음의 법칙을 생각해 본다. ▶ 예화와 학생 사례에서 자료 얻기 예화 '우유통에 빠진 개구리 세 마리'와 학생 사례를 들으면서 관련된 마음의 법칙을 생각해 본다. ▶ 마음의 법칙 토의하여 정하기 모둠별로 주어진 자료를 토대로 마음의 법칙을 정하고 관련된 경험을 공유하면서 마음 낸 대로 이루어짐을 확인한다. ▶ 주제 토론하기 '마음 낸 것은 반드시 이루어질까?' 라는 주제로 토론한다.	• 예화 '우유통에 빠진 개구리 세 마리' • 활동지(②-4-1, ②-4-2)
정리 (5)	▶ 활동 소감 나누기 활동을 통해 느낀 점을 함께 나누고, 다음 차시의 내용에 대해 안내한다.	

활동 전개

도입 (3분)

▶ **전시 내용 상기하기**

전시 활동을 상기하면서 마음의 법칙 발견하기에 대한 관심을 끌어낸다.

▶ **학습 문제: '마음의 법칙 4'를 정해 보자.**

전개 (32분)

▶ **놀이에서 자료 얻기**

부메랑이나 요요는 처음 시작점으로 되돌아오는 원리를 이용한 놀이다. 이러한 놀이를 통해 자신이 낸 마음의 결과가 언젠가는 자기 앞에 드러난다는 마음의 법칙을 떠올릴 수 있다. 요요나 부메랑을 가지고 놀이를 하면서 관련된 마음의 법칙을 생각해 본다.

▶ **예화와 학생 사례에서 자료 얻기**

예화 '우유통에 빠진 개구리 세 마리'와 '마음의 법칙 4'에 대한 학생의 일기 사례를 들으면서 관련된 마음의 법칙을 생각해 본다.

| 우유통에 빠진 개구리 세 마리 |

우유통에 빠진 개구리 세 마리가 있었다. 첫 번째 개구리는 "모든 게 다 내 팔자지 뭐!"라면서 아무것도 하지 않았고 결국 그 속에서 그대로 죽고 말았다. 두 번째 개구리는 "이 통은 미끄러워서 빠져나가지도 못하겠고 또 너무나 깊구나!"라며 절망감에 죽고 말았다. 세 번째 개구리는 "나의 실수로구나. 하지만 어떻게든 나가야 하지 않겠어?"라며 나가는 방법을 생각하면서 통 밖으로 얼굴을 내밀고 다리로는 열심히 우유를 밀어냈다. 그런데 어느 순간부터 우유가 굳어 버터가 되기 시작하였고 발 디딜 곳을 마련한 개구리는 밖으로 나올 수 있었다.

-『탈무드』 中-

(학생 사례)

오늘은 선생님께서 다른 숙제를 내주셨다. 선생님께서 여러 가지 행동을 해 보라고 하셨다. 첫 번째는 할머니께 짜증을 내면서 말을 하니 역시나 할머니께서도 짜증을 내면서 대답하셨다. 두 번째는 할머니께 웃으면서 말을 하니 할머니께서도 웃으면서 대답하셨다. 그러니까 나도 기분이 좋고 할머니께서도 기분이 좋아 보이셨다. 세 번째는 오빠랑 싸웠는데, 결국 돌아오는 것은 혼나는 것뿐이었다. 네 번째는 장난으로 엄마께 "난 엄마가 싫어!"라고 했더니 엄마도 싫다고 했다. 그런데 내가 '뻥'이라고 하니까 엄마도 '뻥'이라고 했다. 역시 가는 말이 고와야 오는 말도 곱나 보다. 마음아, 마음아, 짜증 내면 안 돼. 그러면 사람들한테서 듣는 것도 똑같이 짜증밖에 더 있겠니?

▶ 마음의 법칙 토의하여 정하기

자료를 토대로 모둠별로 마음의 법칙을 정하고 그 법칙에 관련된 자신의 경험을 나누면서 활동지(2-4-1)를 완성한다. 전체 활동에서 학급의 '마음의 법칙 4'를 정한다.

ⓘ 각 모둠에서 정한 '마음의 법칙 4'는 무엇인가요? 왜 그렇게 정했나요? 여러분의 경험을 발표해 볼까요?

ⓘ 마음 내는 대로 이루어집니다. 세상의 수많은 일은 우리의 마음이 만들어 낸 창조물입니다. 하늘을 날고 싶다는 그 마음이 모였을 때, 비록 오랜 시간과 수많은 시행착오를 겪었지만 결국 비행기라는 것을 만들어 냈습니다. 우주로 나가고 싶어 하는 마음이 결국 우주선을 만들게 한 것처럼 우리의 마음은 내는 대로 이루어집니다.

▶ 주제 토론하기

주제에 대해 전체 토론을 하면서 '마음의 법칙 4'와 관련하여 생각해 볼 점에 대해 이야기를 나눈다. 활동지(2-4-2)를 활용할 수 있다.

ⓘ 마음 낸 것이 바로 이루어지지 않은 경우가 있지요? 마음을 내면 반드시

이루어질까요? 여러분의 경험과 생각을 발표해 볼까요?

ⓘ 마음 낸 것이 이루어지는 데는 몇 가지 여러분이 생각해 보아야 할 점이 있습니다. 첫째, 마음은 서로 연결되어 있다고 했었지요? 마음 낸 것이 이루어지는 것은 모두가 한마음이 되어 그 일이 이루어지도록 도와주기 때문입니다. 모두에게 통신이 되기 위해서는 내 마음이 모두의 마음과 통한다는 것을 진실로 믿어야 합니다. 또한 마음 낸 것이 이루어지기까지는 내가 생각한 것보다 더 많은 시간이 필요할 수도 있습니다. 보이지는 않지만 이루어진다는 믿음이 중요합니다. ('만화 1' 제시) 둘째, 마음은 내는 대로 결과가 이루어지기 때문에 어떤 마음을 내느냐가 더욱 중요합니다. 전화선 없이 편하게 실외에서도 통화하고자 하는 마음을 낸 사람이 있었기 때문에 지금 우리는 무선전화기와 휴대전화를 사용할 수 있습니다. 친구와 잘 지내고 싶다면 내가 먼저 친구를 위하고 아끼는 마음을 내야 하고, 공부를 잘하고 싶다면 먼저 공부를 열심히 하려는 마음이 있어야 합니다. 자신을 못난 사람이라고 생각하는 것은 자유지만, 자신이 그 마음을 내면 낼수록 정말로 못난 사람이 되어 가고 사람들도 그렇게 생각하게 됩니다. 셋째, 내가 내는 마음이 나뿐만 아니라 모두에게 영향을 미친다는 것을 생각해야 합니다. 미워하는 마음이 싸움을 불러오고, 자기 나라만을 위하는 욕심이 모이면 전쟁을 일으킵니다. 그러므로 내가 내려는 마음이 이루어졌을 때 그 결과가 나를 제외한 다른 사람들을 괴롭게 하는 것은 아닌지 생각해 보아야 합니다. 넷째, 마음 낸 것이 이루어지지 않는 것이 오히려 서로를 위하는 것일 때가 있습니다. ('만화 2' 제시)

만화 1

이 보물지도에서 분명히
여기에 황금이 있다고
했는데…… 파 보자!
두리번
두리번
다 찾아 버리겠다!
호이짜
호이짜
호이짜
왜 안 나올까?
분명히 있다고 나와 있으니까
있을 거야! 계속 파 보자.
어휴! 힘들어.
그냥 포기할까?
아니야……
조금 더 파 보자.

이 지도 맞아?!
궁시렁~
궁시렁~
에라! 모르겠다!
괜히 헛고생만 했네!
만나기만 해 봐라!
잘못된 지도 넘긴 놈!
도대체 누구야!!
삭신이 다 쑤신다!
황금

만화 2

엄마와 아이가 무더운 날 시장에서 돌아오고 있었다.
쨍쨍~
어휴~!!
'아이스크림 먹고 싶다.'
그때 엄마가…… 아이스크림 사 줄까?
아이는 좋아하며 사 달라고 했고
맛있게 먹었다.

엄마 또 사 줘!
또 먹고 싶다.
엄마 제발~!
하나만 더!
딱 하나만 더다.
맛있다!
엄마! 딱 하나만 더
사 주시면 안 돼요?
안 돼!

정리 (5분)

▶ **활동 소감 나누기**

활동을 하면서 느낀 점을 함께 나누고 마음의 법칙을 마무리하면서 다음 차시와 관련된 내용을 안내한다.

ⓘ 우리는 지금까지 네 가지 마음의 법칙을 발견했습니다. 그런데 정말로 마음이 이렇게 큰 힘을 가지고 있을까? 내가 마음을 낸다고 해서 지금 나에게는 없어 보이는 능력이 생길까? 모든 사람들이 다 마음을 쓰고 살아가는데 어떻게 이 작은 나에게 그런 힘이 있을까? 하고 믿지 못할 수도 있겠지요. 다음 시간부터는 정말로 이 모든 힘이 나에게 갖추어져 있는지 알아보겠습니다.

[학생 사례]

마음의 법칙 ❹

모둠별로 토의 활동을 하여 마음의 법칙을 찾아 정리해 보세요.

✏ 내가 생각한 마음의 법칙

마음으로 믿으면 뭐든 해낼 수 있다.

✏ 모둠에서 토의된 마음의 법칙

마음으로 간절히 믿으면 이루어진다.

우리가 정한 '마음의 법칙 4'와 관련된 생활 속의 경험을 발표해 보고, 친구들의 경험담도 써 보세요.

마음의 법칙 4 "이렇게 경험했어요"	
박혜진	물로켓대회 때 동상을 받고 싶은 마음을 간절히 냈는데 정말 동상을 받게 되었다.
양종석	태풍이 왔을 때 살살 오라고 했었는데 정말 이루어진 것 같다.
이승현	게임에서 이길 수 있다고 간절히 마음을 냈지만 결국에는 졌다.

5. 마음의 근원을 찾아서

활동 목표: 자신의 내면에 마음이 일어나고 사라지는 근원이 있음을 알 수 있다.

마음의 법칙은 늘 쓰고 있는 마음의 흐름이며, 경험을 통해 쉽게 이해할 수 있다. 이러한 마음은 어디에서 나고 드는 것일까? 보이지 않기 때문에 알 수 없으나, 그로 인해 움직이고, 보고, 듣고, 말하는 것으로 볼 때 나를 떠나지 않는다는 것은 확실하다. 나를 떠나지 않는 그 근원에서 모든 것이 나고 들며, 나를 떠나지 않는 근원이므로 모두는 하나의 근원에서 나오는 힘으로 살아가고 있다고 볼 수 있다.

이번 차시에서는 마음이라는 것이 바로 자신에게서 나고 드는 것이며 자신과 별개로 느껴지는 마음의 힘이 외부로부터가 아니라 자신의 내면에서 나온다는 것을 자각할 수 있도록 돕는다.

활동 자료: 〈음악〉 명상 음악

〈활동지〉 [2]-5-1

[2]-5-2

활동 과정

과 정	내 용	자료 및 유의점
도 입 (5)	▶ 전시 내용 상기하기 마음의 법칙을 상기하고, 마음이 가지고 있는 힘이 어디에서 나오는지에 대해 관심을 갖게 한다. ▶ 학습 문제 마음은 어디에서 나오는 것일까?	
전 개 (30)	▶ 떠오르는 마음 지켜보기 음악을 들으면서 어떤 마음이 올라오는지 지켜본다. ▶ 마음이 나오는 곳 지켜보기 자신의 내면에서 마음이 나오고 사라지는 과정과 그것이 어디에서 나오는지를 지켜본다. ▶ 마음의 근원에 이름 짓기 자신의 내면에 마음이 들고 나는 근원이 있음을 공감하고 근원에 이름을 짓는다. 그것에 대해 학급에서 공통으로 사용할 용어를 정한다.	• 마음이 나고 드는 곳 지켜보기를 할 때는 학생들의 집중을 위해 음악을 사용하지 않는다. • 마음의 근원에 대한 공통의 이름을 이 교재에서는 주인공으로 한다. • 활동지(②-5-1, ②-5-2)
정 리 (5)	▶ 활동 소감 나누기 활동을 하면서 느낀 점을 나누고 다음 차시에 대해 안내한다.	

활동 전개

도입 (5분)

▶ **전시 내용 상기하기**

마음의 법칙을 상기하고 마음이 가지고 있는 힘이 어디에서 나오는지에 대해 관심을 갖게 함으로써 학습 문제를 이끌어 낸다.

ⓘ 지난 시간까지 마음의 법칙에 대해 알아보았는데, 지금 '마음' 하면 어떤 생각이 떠오르나요? 왜 그렇게 생각하나요?

ⓘ 즐겁고, 짜증 나고, 사물을 이해하고, 탐구하고, 웃고, 울게 하며, 하루 종일 나를 끌고 다니는 그 마음은 도대체 어디에서 나오는 것일까요? 어디에서 나오는지 알 수 있다면 우리가 그것에 끌려 다니지 않고 마음대로 마음을 쓸 수 있겠죠? 이 시간에는 마음이 어디에서 나오는지 찾아볼까요?

▶ **학습 문제: 마음은 어디에서 나오는 것일까?**

전개 (30분)

▶ **떠오르는 마음 지켜보기**

3분 정도 음악을 들으면서 떠오르는 마음을 지켜보고 그 마음을 활동지에 적는다.

ⓘ 편안한 자세로 앉아 선생님이 들려주는 음악을 들어 보세요. 음악을 들으면서 어떤 마음이 떠오르는지 잘 지켜보고 그 마음을 활동지에 적어 봅시다.

ⓘ 떠오르는 마음을 지켜볼 수 있었나요? 어떤 마음이 떠올랐는지 이야기해 볼까요?

▶ 마음이 나오는 곳 지켜보기

마음이 일어나고 사라지는 과정을 지켜보면서 그 마음이 어디에서 들고 나는지 살펴본다. 마음의 움직임을 지켜보는 데 집중할 수 있도록 음악은 사용하지 않으며, 지켜보는 시간이 너무 길어지지 않도록 한다.

ⓘ 이번에는 음악 없이 마음의 움직임을 좀 더 자세히 살펴볼까요? 몸을 편안하게 하고 마음이 어디에서 나와서 어디로 가는지 잘 살펴보세요.

ⓘ 활동에 대한 느낌을 말해 볼까요? 어떤 마음이 떠올랐나요? 그 마음이 계속 머물러 있었나요?

ⓘ 내가 원하는 마음만 떠오르나요? 마음을 내 마음대로 조절할 수 있었나요?

ⓘ 마음이 나오는 곳을 찾을 수 있었나요? 마음이 어디로 사라지는지 찾을 수 있었나요?

ⓘ 마음이 나에게서 나왔나요? 다른 곳에서 나왔나요?

ⓘ 마음이 들고 나는 곳을 우리의 눈으로 볼 수는 없지만, 분명히 마음이 생겨나고 없어지는 것을 느낄 수 있었지요. 또 그것이 나에게서 나오는 것임을 알 수 있었지요.

▶ 마음의 근원에 이름 짓기

마음의 근원에 자기만의 이름을 지어 활동지를 작성하고, 앞으로의 진행을 위해 학급 공통의 이름을 정한다.

ⓘ 우리는 자신의 몸과 내가 쓰는 마음으로 이루어진 것을 '나'라고 하지요. 그러나 오늘 활동을 통해 보이지는 않지만 몸과 마음을 움직이게 하는 또 다른 뭔가가 나에게 있다는 것을 알 수 있었지요. 잠시 눈을 감고 여러분의 몸을 움직이고 슬프거나 즐겁게 하고 공부하고 먹을 수 있게 하는 마음이 나오는 그 자리를 느껴 보세요. 어떤 느낌이 드나요?

ⓘ 그 자리에 이름을 붙여 볼까요? 오래전부터 그 자리(생명, 마음의 근원)를 알고 있던 사람들이 많이 있습니다. 그들은 다른 사람들도 이 마음의 근원을 알기를 바라는 마음으로 이 자리에 이름을 붙이기도 했답니다. 모든 것을 담고 있는 하나라는 뜻으로 '하나님', 본래의 나의 모습이라는 뜻으

로 '참된 나', 모든 것을 가지고 있는 주인이지만 보이지 않는 '주인공', 무한한 가능성을 가지고 있고 무엇이든 할 수 있기 때문에 '보배창고' 등이 그 이름입니다.

ⓘ 내 안에 있으면서 모든 것을 내고 들이는 그 자리에 나만의 이름을 지어 볼까요? 내가 정한 이름을 이야기해 볼까요? 왜 그렇게 지었나요?

ⓘ 각자가 정한 이름도 있겠지만 앞으로 우리가 함께 부를 이름도 지어 볼까요? 그 자리를 잘 떠오르게 하는 이름을 지어 봅시다.

ⓘ 우리 학급의 공통된 이름은 '주인공'이라고 정하겠습니다.

정리 (5분)

▶ **활동 소감 나누기**

활동 소감을 나누고 다음 차시에 대해 안내한다.

ⓘ 오늘 활동을 하면서 무엇을 느꼈는지 이야기해 볼까요? 다음 시간에는 이제까지 알지 못했던 나의 내면에 있는 주인공에 대해 좀 더 알아보겠습니다.

[학생 사례]

마음은 어디서 나오는 걸까

마음이 나오고 사라지는 곳은 어디일까요? 음악을 들으면서 떠오르는 생각과 사라지는 생각을 써 보세요.

- 생각(마음)이 떠오르는 것일까?
- 이렇게 하는 것이 맞는 것일까?
- 다른 친구들은 잘 쓰고 있겠지?
- 경쾌하다. 내가 집중을 하고 있는 것일까?
- 유경이가 보고 싶다. 아, 집중해야지.
- 생일 파티 때 어떤 일이 일어날까?
- 빨리 체육시간이 왔으면 좋겠다.
- 아무 생각이 안 나고 멍하다.

★ 마음이 나오고 사라지는 곳을 보고, 만질 수 있었나요?

분명히 나오기는 하는데 어디로 가는지 모르겠다.

★ 이러한 마음은 누구로부터 시작되었나요?

모르겠다. 내 마음에서 나온 것 같다.

★ 마음이 나오고 사라짐을 끊임없이 반복하게 하는 근원(뿌리)은 어디에 있다고 생각하나요?

가슴? 심장?

[학생 사례]

내 마음의 근원

오래전부터 사람들은 생명, 마음의 근원을 사회적 환경이나 문화에 따라 여러 가지 이름으로 불러 왔답니다. 근원에 대한 이름과 뜻을 살펴볼까요?

- 모든 것을 담고 있는 하나라는 뜻으로 하늘, 하나님
- 본래의 나의 모습이라는 뜻으로 참 나
- 모든 것의 주인이며 텅 비어 있다는 뜻으로 주인공
- 모든 것이 그곳으로부터 나온다는 뜻으로 보배창고

★ 내 안에 있는 마음의 근원에 어울리는 이름을 지어 보세요.

나는 (고기)라고 이름을 붙였다.

★ 그렇게 이름을 붙인 이유는?

든든한 나의 마음이라는 뜻에서 그렇게 붙였다.

나에게 보이지는 않지만 나의 몸과 마음을 움직이게 하는 생명력이 있답니다.

6. 진짜 마음, 가짜 마음

활동 목표: 마음의 근원, 주인공에 대해 생각해 볼 수 있다.

마음의 근원은 볼 수도 없고 만질 수도 없지만, 바로 그렇기 때문에 인간을 포함한 모든 형상의 근본 바탕, 즉 나의 참모습이라고 말할 수 있을 것이다. 그것은 형체가 없는 무한한 에너지다. 만약 그것이 어떠한 고정된 형상이나 한계를 가지고 있다면 수많은 생명을 내고 들이는 다양한 작용을 설명할 수 없을 것이다. 그 근원의 힘은 마음의 작용과 물질적 현상을 가능하게 한다. 시공을 뛰어넘어 모두와 통신할 수 있고, 그 어떤 것이든 형상화할 수 있으며, 새롭게 바꾸어 재생산해 내고, 필요로 하는 만큼의 에너지를 내어 줄 수 있는 것이다. 그것이 나의 참다운 성품이기에 나의 진화와 발전은 그 힘을 믿고 끌어 쓰는 것에서부터 시작된다고 할 수 있다.

이번 차시에서는 학생들이 마음의 법칙을 상기함으로써 자신의 내면에 있는 근원적인 힘에 대해서 이해할 수 있도록 한다. 또한 그 근원의 힘이 자신의 변하지 않는 진짜 마음임을 믿음으로써 자신을 변화시키려는 마음을 낼 수 있도록 돕는다.

활동 자료: 〈음악〉 악보 '하늘마음'

〈활동지〉 ②-6-1

활동 과정

과정	내용	자료 및 유의점
도입 (7)	▶ 전시 내용 상기하기 주인공의 개념에 대해 살펴보고 학습 문제를 이끌어 낸다. ▶ 학습 문제 주인공에 대해 알아보자.	
전개 (30)	▶ 주인공에 대해 알아보기 마음의 법칙을 통해 주인공을 살펴보면서 자신과 주인공의 관계에 대해 이해한다. • 주인공에게 어떤 힘이 있을까? • 주인공은 어떤 모습일까? • 주인공을 믿을 때와 안 믿을 때의 차이는 무엇일까? ▶ 노래 부르기 주인공의 개념 형성을 도와줄 수 있는 '하늘마음' 노래를 함께 부른다.	• 악보 '하늘마음' • 활동지(2-6-1)
정리 (3)	▶ 차시 안내 주변에 있는 물품에 부착되어 있는 제품설명서 양식을 찾아오도록 안내한다.	

활동 전개

도입 (7분)

▶ **전시 내용 상기하기**

주인공의 개념에 대해 살펴보고 학습 문제를 이끌어 낸다.

ⓣ 지난 시간에 주인공에 대해 알아보았는데 주인공이 무엇인가에 대해 자신의 생각을 이야기해 볼까요?

ⓣ 편안하게 앉아서 나의 내면에 무한한 힘을 갖춘 주인공이 있다고 생각하면서 그 자리를 지켜봅니다.

ⓣ 어떤 느낌이 드나요? 이 시간에는 내 안에 항상 있었지만 잘 알지 못했던 주인공에 대해서 좀 더 자세히 알아봅시다.

▶ **학습 문제: 주인공에 대해 알아보자.**

전개 (30분)

▶ **주인공에 대해 알아보기**

네 가지 마음의 법칙을 통하여 주인공이 갖춘 힘에 대해 알아본다. 네 가지 힘을 이해하는 정도에서 그치지 말고, 간단하게라도 적용해 보도록 한다.

() 주인공에게 어떤 힘이 있을까

ⓣ 주인공은 어떤 힘을 가지고 있을까요? 보이지도 않고 형체도 없는데 어떻게 알 수 있을까요?

ⓣ 들고 나는 마음의 힘이 곧 마음의 근원, 즉 주인공의 힘을 보여 주는 것이겠지요. 우리가 정했던 마음의 법칙은 주인공의 힘을 정리한 것과 같습니다. 법칙을 하나씩 확인하면서 그 속에 담긴 주인공의 힘을 찾아봅시다.

ⓣ '마음의 법칙 1~4'는 각각 무엇이었나요? 그 법칙에 어떤 힘이 있나요?

ⓣ 주인공의 힘 1　'모두의 마음은 연결되어 있다.'에서 보면 주인공은 모두와 통신할 수 있는 힘을 가지고 있음을 알 수 있습니다. 나와 다른 사람들

의 모습이 각기 다르기 때문에 서로 다른 마음을 가지고 있다고 생각하지만, 마음은 고정된 형태가 아니기 때문에 네 것 내 것의 구분이 없습니다. 그렇기 때문에 서로 통신이 되는 것입니다. 주인공은 우체통과 같습니다. 누군가에게 전하고 싶은 마음이 있다면 그 마음을 주인공 우체통에 넣어 보세요.

ⓘ 주인공의 힘 2 '마음은 쓰는 대로 나온다.' 에서 보면 주인공은 어떤 것이든 눈에 보이는 형상으로 드러나게 할 수 있는 힘을 가지고 있음을 알 수 있습니다. 주인공에서 나오는 마음의 힘에 의해 우리는 여러 가지 필요한 것들을 만들면서 살아갈 수 있습니다. 나의 주인공은 어떤 형상이든 만들어 낼 수 있는 힘이 있다고 상상해 보세요. 그리고 앞으로 내가 되고 싶은 모습을 떠올려 보세요.

ⓘ 주인공의 힘 3 '마음은 언제든지 바꿀 수 있다.' 에서 보면 주인공은 어떤 것이든 녹여서 새롭게 재생산하는 용광로와 같은 능력을 가지고 있음을 알 수 있습니다. 슬픈 마음도 괴로운 마음도 모두 녹여서 새로운 마음으로 바꿀 수 있습니다. 내 마음 깊은 곳에 뜨거운 용광로가 있다고 믿고 그곳에 오늘 내가 녹여 버리고 싶은 마음을 던져 보세요.

ⓘ 주인공의 힘 4 '마음 내는 대로 이루어진다.' 에서 보면 주인공은 마음 내는 대로 이루어지게 하는 에너지를 가지고 있음을 알 수 있습니다. 그 힘은 무한하기 때문에 아무리 사용해도 에너지는 줄어들지 않습니다. 내 마음에 써도 써도 줄지 않는 에너지 통이 있다고 상상해 보세요. 그리고 지금 내가 그 에너지를 무엇에 쓰고 싶은지 생각해 보세요.

주인공은 어떤 모습일까

ⓘ 주인공은 모습이 있을까요? 그렇다면 왜 그렇게 생각하나요?

ⓘ 내 주인공과 다른 사람의 주인공은 어떻게 다를까요?

ⓘ 주인공은 고정된 모습이 없기 때문에 어떤 모습이든지 될 수 있습니다. 만약 그것이 어떤 고정된 모습을 가지고 있다면 이 세상에는 똑같은 모습만 있을 것입니다. 주인공은 모양도 없고, 잡을 수도 없지만 무한한 힘을 내는 에너지 통과 같습니다. 또 그 에너지 통은 네 것 내 것의 구분이 없습니

다. 그래서 너와 나의 주인공은 같습니다. 그 하나의 큰 힘이 나와 친구의 마음을 통해서 나오는 것입니다. 그 에너지를 어떻게 쓰느냐에 따라 나와 친구의 모습과 능력이 달라지게 됩니다.

주인공을 믿을 때와 안 믿을 때의 차이는 무엇일까

ⓘ 내 안에 주인공의 힘이 내재되어 있다는 것을 믿을 수 있나요? 그것을 믿을 때와 믿지 않을 때 어떻게 다를까요?

ⓘ 내 안에 주인공의 힘이 있음을 믿지 않을 때, 나는 현재의 내가 배우고 아는 것만큼의 능력만을 가지고 살아가게 됩니다. 주인공을 믿는다는 것은 어떤 다른 대상을 믿는 것이 아니라, 내 안에 무한한 힘이 있다는 것을 믿는 것입니다. 힘이란 보이지 않지만 필요로 할 때 나오는 것입니다. 달리기를 할 때마다 어디서 힘을 구해 오는 것이 아니라, 나에게 달릴 수 있는 힘이 있다는 것을 알기 때문에 달릴 수 있는 것입니다. 이처럼 자신의 능력으로 어찌해 볼 수 없는 어려운 일이 있을 때 그것을 이겨 낼 힘이 있다는 것을 정말로 믿으면 그 힘이 나오는 것과 같습니다. 주인공의 힘은 진실로 믿고 맡길 때 사용할 수 있습니다.

이순신 장군이 불과 13척의 패잔 선으로 일본의 정예 함대 200여 척과 10만 대군을 격멸시키는 믿기지 않는 신화를 기록했던 명량대첩은 그동안 역사가들이 손꼽아 온 임진왜란 3대 대첩을 수백 배 뛰어넘는 진정 위대한 대첩으로 기록된다. 이러한 신화를 이루는 과정에서 이순신 장군은 바다를 응시하며 마음속으로 수없이 이렇게 다짐했다.

'전쟁은 병장기만으로 하는 것이 아니다. 병력만으로 하는 것은 더더욱 아니다. 승리의 관건은 이길 수 있다는 확신, 죽음을 두려워하지 않는 굳은 마음에 있으니 오직 마음으로 싸우는 자, 그 자만이 최후의 승자가 될 것이다.'

– 이순신 장군의 어록 中 –

▶ **노래 부르기**

'하늘마음' 노래를 함께 불러 본다.

ⓘ 하루를 생활하다 보면 짜증 나거나 화나거나 즐거운 것처럼 수많은 마음이 일어나지요. 그 마음이 변해서 나를 힘들게도 하고 즐겁게도 하지만 그것은 나의 진짜 마음이 아닙니다. 그것은 내가 쓰고 있는 마음이고, 나의 진짜 마음은 그런 마음을 내놓을 수도, 녹여 버릴 수도 있는 주인공의 마음입니다. 나의 진짜 마음을 잘 표현하고 있는 '하늘마음' 이라는 노래를 함께 불러 봅시다.

정리 (3분)

▶ **차시 안내**

다음 차시의 활동을 위해 뒷면에 제품설명서가 있는 물품을 찾아 그 제품설명서의 양식을 적어 오도록 안내한다.

하늘마음

작사 박너울
작곡 이종만

7. '주인공' 제품설명서

활동 목표: '주인공' 제품설명서를 만들 수 있다.

이번 차시에서는 주인공을 제품으로 표현하는 과정을 통해 학생들이 2단계의 내용을 정리하고 내면화하는 활동을 한다. 교사는 학생들이 주인공의 개념에 대해 어느 정도 이해하고 있는지 파악하여 다음 단계의 활동이 무리 없이 진행될 수 있도록 돕는다.

활동 자료: 〈플래시〉 애니메이션 '초초'
〈활동지〉 2-7-1

활동 과정

과정	내 용	자료 및 유의점
도 입 (15)	▶ 애니메이션 감상하기 주인공에 대한 믿음을 표현한 '초초' 애니메이션을 감상한다. ▶ 학습 문제 '주인공' 제품설명서를 만들어 보자.	• 애니메이션 '초초'
전 개 (20)	▶ '주인공' 제품설명서 만들기 제품설명서 양식에 따라 주인공을 제품으로 표현해 보는 활동을 통해 자신이 생각하는 주인공에 대한 개념을 정리해 본다.	• 활동지(2-7-1, 2-7-2)
정 리 (5)	▶ 작품 감상하기 서로의 작품을 감상하면서 주인공의 개념에 대해 보충할 기회를 갖는다.	

활동 전개

도입 (15분)

▶ **애니메이션 감상하기**

'초초'라는 나비가 큰 나무 마루 할아버지를 통해 자신이 날 수 있는 힘을 가지고 있음을 깨닫고, 비로소 날 수 있게 된다는 내용의 애니메이션을 감상하면서 주인공에 대한 자신의 믿음을 생각해 본다.

ⓘ 초초가 마루 할아버지를 통해 알게 된 것은 무엇인가요?

ⓘ 주인공에 대해 누군가에게 소개한다면 어떻게 설명할 수 있을까요? 이 시간에는 주인공을 선물로 생각해 보고, 받는 사람이 그 선물을 잘 사용할 수 있도록 '주인공' 제품설명서를 어떻게 표현할 것인지 잘 생각해서 설명서를 만들어 봅시다.

▶ **학습 문제: '주인공' 제품설명서를 만들어 보자.**

전개 (25분)

▶ **'주인공' 제품설명서 만들기**

제품설명서 양식을 보면서 반드시 들어가야 할 내용을 확인한 뒤, '주인공' 제품설명서를 직접 만들어 본다.

〈제품설명서 양식〉
제품명/원산지/제품의 특징/제품 사용방법/사용 시 주의 사항/AS 센터

ⓘ 주인공을 누구에게 소개하고 싶은가요? 그 이유는 무엇인가요?

ⓘ 제품을 사용할 소비자에게 반드시 안내해야 할 내용은 무엇일까요? 자신이 적어 온 제품설명서를 보면서 이야기해 봅시다.

ⓘ 주인공에 대해서 상대방이 반드시 알아야 할 내용은 무엇인지 잘 생각해

보면서 제품설명서를 만들어 봅시다.

정리 (5분)

▶ 작품 감상하기

서로의 작품을 감상하면서 주인공의 개념에 대해 보충할 기회를 갖는다.

ⓘ 친구들의 작품을 감상하면서 친구들은 주인공에 대해 어떻게 생각하는지 잘 살펴봅시다.

[학생 사례]

마음 제품설명서

제품명: 텔레파시

- 가격: 공짜
- 제품번호: 1
- 유통기한: 영원토록
- 원산지: 마음
- 사용시 주의사항: 마음을 꼭 모아야함
- A/S: 없음

- 설명서
  1. 마음을 비웁니다.
  2. 눈을 감고 마음을 편안하게 합니다.
  3. 한 친구를 정해 그 친구에게 마음을 집중하여 열심히 메시지를 보냅니다.
  4. 다 보내고 난 후 그대로 마음을 진정시키고 친구의 답장을 받습니다.
  5. 다 끝나면 눈을 뜹니다.

- 알림: 이것은 전화기보다 보내기는 어렵지만 돈이 안 드니 많이 쓰시오.
- 효능 효과: 100% 효과 좋음

3 단계 변화하는 나

우리는 앞 단계를 거치면서 현재의 몸과 마음만을 나로 알았을 때는 언제나 부족한 것을 채워야 하는 부자유한 존재였지만, 우리 내면에 무한한 생명력이 갖추어져 있는 완전한 존재로서의 나의 실상을 조금이나마 알게 되었습니다. 그러나 그것을 인식하지 못했을 뿐 우리는 이미 그 힘으로 인해 살아왔고, 그것을 지금 알아차린다고 해서 곧바로 우리가 자유로워지는 것은 아닙니다. 그것은 개별적인 나를 고집하는 마음이 무한한 생명력의 발현을 막고 있기 때문입니다. 모두가 연결되어 있다 해도 결국 우리는 각자라고 생각하는 것, 완전한 존재라 해도 여전히 불완전한 존재로 인식하는 것 등이 그러한 마음입니다. 따라서 나를 변화시키기 위해 해야 할 실천이란 새로운 어떤 모습을 추구하는 것이 아니라, 개별적인 나를 고집하는 그 마음을 계속해서 내려놓음으로써 내면에 있는 힘이 발현되도록 하는 것입니다.

이 단계에서는 이러한 실천의 구체적인 방법으로 나의 참다운 모습을 뒤덮고 있는 고정관념을 내려놓는 마음 다스리기, 생활에서 내면의 힘 끌어 쓰기, 다른 생명을 나와 같이 대하는 공생의 마음 내기의 방법을 제시하고 교사와 함께 실천하는 활동을 하게 됩니다.

교사가 함께 직접 실천하지 않으면 학생들이 내용에 대한 확신을 가질 수가 없고, 그 결과 다음과 같은 어려움에 부닥칠 수 있습니다. 첫째, 보여지는 모습으로 이해하고 이해되는 현실 속에서 보이지 않는 마음으로 주변을 인식하고 소통하려는 시도 자체가 학생들에게 많은 혼란을 줄 수 있습니다. 둘째, 자신이 부족하다는 생각을 내려놓고 내면에 완전함을 갖추고 있다는 것을 믿기가 어렵습니다. 셋째, 우리에게 잠재된 그 무한한 힘이란 진실로 믿고 사용할 때 비로소 드러나는 것이기 때문에 실천해 보지 않으면 절대 확인할 수 없습니다. 무엇보다도 교사가 직접 변화를 시도하는 모습을 보여 주는 것이 학생들에게 가장 큰 힘이 될 것입니다. 3단계의 세부 목표는 다음과 같습니다.

- 마음을 다스리는 방법을 안다.
- 실천을 통해 자신을 변화시킨다.
- 너와 나를 살리는 공생의 마음을 낸다.

차시 구성

제 목	활동 목표	활동 내용
마음 다스리기	• 자신의 마음을 다스리는 방법을 알고 이를 실천할 수 있다.	• 예화를 듣고 생각하기 • 마음을 다스리는 방법 알기 • 마음 다스리기 실천하기
마음일기	• 마음 다스리기를 실천하고 점검하는 마음일기를 쓸 수 있다.	• 마음 다스리기 • 내 마음의 흐름 기록하기
공생의 마음	• 나와 주변을 조화롭게 하는 공생의 마음을 낼 수 있다.	• 친구와 고민 나누기 • 공생의 마음 내기 실천 계획 세우기
실천 돌아보기	• 내면의 힘을 믿고 자신을 변화시키려는 마음을 다질 수 있다.	• 교육 활동 돌아보기 • 설문지 작성하기 • 꾸준한 실천 다짐하기

1. 마음 다스리기

활동 목표: 자신의 마음을 다스리는 방법을 알고 이를 실천할 수 있다.

나의 주인공은 모든 가능성과 에너지를 품고 있는 씨앗과 같다. 그 싹을 틔우려면 딱딱한 껍질을 뚫어야 하는데, 그 껍질은 개별적인 나로 살아오면서 고정되어 있는 관념을 의미한다. 그 본래의 마음을 가리는 관념이 없어지면 시야가 밝아져 그동안 보지 못했던 것이 보이기 때문에 지혜로워진다. 본래의 마음을 가리는 마음을 녹이는 방법이 마음 다스리기다. 마음 다스리기는 내면의 힘인 주인공을 믿고 용광로와 같은 그 자리에 모든 것을 맡겨 놓고 어떻게 재생산되는지를 지켜보는 것이다. 원래 마음은 고정됨이 없이 계속 변화하지만 그것이 고정된 것이라고 생각하기 때문에 고정관념이 되는 것이다. 따라서 녹인다는 것도 마음이고 고정되었다는 것도 마음이므로 마음으로 마음을 다스리는 것이다.

이번 차시에서는 마음을 새롭게 만들어 내는 주인공이 자신을 혼란스럽게 하는 모든 마음을 내려놓는 연습을 한다. 학생 사례를 보면 알 수 있듯이 학생들은 마음이 순수하여 한 번만이라도 제대로 내려놓으면 이것이 어떤 힘을 가지고 있는지 바로 알 수 있다. 마음 다스리기가 익숙해질 때까지 주제를 정하여 함께 실천한다.

활동 자료: 〈플래시〉 용광로

〈예화〉 '씨앗을 파는 가게'

〈활동지〉 3-1-1

2-3-2

활동 과정

과정	내 용	자료 및 유의점
도 입 (7)	▶ 예화 듣고 생각하기 예화 '씨앗을 파는 가게'를 듣고 실천의 중요성에 대해 생각해 본다. ▶ 학습 문제 마음을 다스리는 방법을 알아보자.	• 예화 '씨앗을 파는 가게'
전 개 (30)	▶ 마음 다스리는 방법 알아보기 내면의 주인공의 힘을 통해 마음을 다스리는 방법을 알아본다. ▶ 마음 다스리기 실천하기 '마음의 법칙 3'에서 작성했던 활동지(2-3-2)를 활용하여 마음 다스리기를 실천해 본다.	• 교실 내의 적당한 장소를 활용해서 편안하게 자신의 내면을 바라볼 수 있도록 한다. • 플래시 '용광로' • 활동지(3-1-1, 2-3-2)
정 리 (3)	▶ 과제 제시 하루 동안 2회 이상 마음 다스리기를 실천해 보는 과제를 제시한다.	

활동 전개

도입 (7분)

▶ **예화 듣고 생각하기**

예화 '씨앗을 파는 가게'를 듣고 함께 이야기를 나누면서 실천의 중요성에 대해 생각해 본다.

| 씨앗을 파는 가게 |

한 청년이 가게 안에 들어서서 계산대에 서 있는 노인에게 물었다.

"이 가게에서는 어떤 물건들을 팝니까?"

그러자 노인은 말했다.

"여기에는 사람들이 진심으로 갖고 싶어 하는 모든 것들이 다 있습니다. 당신이 원하는 것은 무엇입니까?"

노인의 이야기를 들은 청년은 기뻐하며 말하였다.

"저는 행복과 사랑, 지혜 그리고 두려움과 슬픔에서 벗어날 수 있는 자유로운 마음을 일인 분씩 사고 싶습니다."

그러자 노인은 놀란 눈으로 청년을 바라보면서 다음과 같이 말했다.

"이보시오 젊은이, 아무래도 그대가 내 말을 잘못 이해한 것 같소. 여기서는 열매를 파는 게 아니라 씨앗만 팔고 있다오. 그 씨앗을 키워 행복과 사랑, 지혜와 자유로움이라는 열매를 얻는 것은 당신이 할 일이라오."

-『내가 원하는 삶으로 이끄는 직관의 힘』 中 -

ⓘ 예화 속의 씨앗과 열매는 무엇을 뜻하나요? 이 이야기는 우리에게 무엇을 말해 주고 있나요?

ⓘ 우리가 가지고 있는 씨앗은 무엇이며, 왜 그렇게 생각하나요?

ⓘ 예화 속의 씨앗은 자신이 이루고자 하는 어떤 것, 열매는 그 일의 결과를

의미합니다. 씨앗은 열매가 될 수 있는 가능성을 가지고 있지만 싹이 터서 자라야 비로소 열매가 될 수 있습니다. 우리가 가진 씨앗은 이제 막 내 안에 있다는 것을 확인한 주인공이겠지요. 주인공은 원하는 대로 열매를 맺을 수 있는 무한한 힘을 가지고 있지만 그 힘이 드러나기까지는 우리의 노력이 필요한 씨앗이라고 볼 수 있습니다.

ⓣ 여러분이 공부를 잘하고 싶어도, 부모님의 말씀을 잘 듣고 싶어도 마음대로 안 될 때가 더 많지요? 내 안에 마음대로 할 수 있는 주인공이 있는데 왜 마음대로 되지 않을까요?

ⓣ 씨앗에서 싹을 틔우려면 두꺼운 껍질을 뚫어야 하듯 주인공의 힘을 마음껏 쓰려면 주인공을 뒤덮고 있는 껍질을 뚫어야 합니다. 그 껍질은 그동안 주인공을 모르고 살아오면서 냈던 마음입니다. 나는 못한다는 두려움, 내게는 힘이 없다는 마음, 나만 잘났다는 생각, 못났다는 생각, 공부를 잘한다는 생각, 못한다는 생각, 그런 생각들이 마음을 자유롭게 쓰지 못하게 막고 있는 것입니다. 이 시간에는 그런 마음들을 잘 다스려서 내 안에 있는 주인공의 싹을 틔우는 방법을 알아봅시다.

▶ 학습 문제: 마음 다스리는 방법을 알아보자.

전개 (30분)

▶ 마음 다스리는 방법 알아보기

용광로의 모습이 나오는 영상자료를 활용하여 마음을 다스리는 방법에 대해 알아보고, '마음의 법칙 3'의 활동지(2-3-2)를 활용하여 직접 마음을 다스리는 기회를 갖는다. 활동이 끝나면 마음 다스리기에 대해 자신이 이해한 것을 활동지에 정리해 본다.

ⓣ 그동안 우리가 함께 공부했던 주인공 자리에는 어떤 마음도 다 녹여 버리고 새로운 마음으로 바꿀 수 있는 용광로와 같은 능력이 있다는 것을 떠올릴 수 있나요? 용광로가 헌 쇠를 녹여 새로운 것을 만들어 내는 것처럼 우리 내면에 있는 주인공은 어떤 마음이든지 다 녹여 버리고 그 대신 지혜로

운 마음을 선물해 줍니다. 우리 마음속에 그런 용광로가 있다고 생각하면서 실제 용광로 영상을 보도록 합니다.

ⓘ 자신의 내면에도 용광로가 있다고 믿나요? 내면의 힘은 진실로 믿고 직접 실천할 때 나오는 것입니다. 나비 '초초'가 그랬던 것처럼 우리도 직접 실천해 볼까요? 먼저, 마음을 다스리는 방법을 함께 정리해 봅시다.

▶ **마음 다스리기 실천하기**

ⓘ 모든 것을 녹여 버리는 용광로와 같은 주인공의 힘을 믿고 어떤 마음이든지 그곳에 넣고 어떻게 바뀌어 나오는지 지켜보는 것이 마음을 다스리는 방법입니다. 여러분이 '마음의 법칙 3'을 정할 때 작성했던 '마음 바다' 활동지(2-3-2)의 내용 중 하나를 정하여 직접 마음 다스리기를 실천해 볼까요?

ⓘ 마음의 용광로에 모든 것을 넣고 지켜보았을 때 어떤 마음이었는지 소감을 발표해 볼까요?

ⓘ 활동지(3-1-1)에 이 시간에 알게 된 마음을 다스리는 방법을 정리해 봅시다.

마음 다스리는 방법

ⓘ 나의 마음 깊은 곳에 주인공이 있다고 진실로 믿는다.

ⓘ 그 자리에는 용광로와 같은 힘이 있다는 것을 믿고 떠올린다.

ⓘ 녹이고 싶은 마음을 용광로에 넣는다.

ⓘ 그것을 용광로에 넣은 후에 어떻게 새롭게 바뀌는지, 어떤 마음이 나오는지 지켜본다.

정리 (3분)

▶ **과제 제시**

하루 동안 2회 이상 마음 다스리기를 실천해 보도록 과제를 제시한다.

[학생 사례]

마음 다스리기

짜증 나는 마음, 슬픈 마음, 미운 마음 등 내 마음대로 잘 안 되는 이 마음의 장난꾸러기를 어떻게 다스릴까요? 내 마음의 주인공의 힘으로 마음을 다스리는 방법을 적어 보세요.

★ 2학년

- 나는 친구랑 놀고 싶은 마음인 채로 끌려와서 선생님 말도 귀에 잘 안 들어온다. 그런데 용광로에 넣으려 해도 안 들어가서 세게 넣어 봤더니 들어갔다.
- 오늘 기말고사 시험을 봤는데 조금 어려운 게 있어서 계속 생각해 봐도 생각이 안 나서 용광로에 넣었더니 생각이 났다. 그게 답인지는 모르겠다. 하지만 시험이 끝나니까 기분은 좋다.
- 오늘은 쉬는 날이다. 쉬는 날이면 금방 심심해진다. 그래서 쌍둥이 동생에게 용광로를 사용하는 법을 가르쳐 주었다. 그런데 왠지 웃겼다. 그래서 그걸 녹였다. 편안하고 좋았다.

★ 3학년

- 나는 오늘 기쁜 일만 있어서 흥분된 마음을 용광로에 녹였다. 녹인 후의 내 마음은 한결 차분해졌다.
- 공부하기 싫은 마음을 용광로에 녹이니까 기분이 한결 나아졌다.
- 용광로에 온갖 마음이란 마음을 넣었더니 머리가 맑아지는 것 같다. 이것을 하기 전과는 차원이 다르다.

★ 4학년

- 친구들이 나에게 "너, 아빠 있어?"라고 물으면 난 너무 창피하다. 그런 마음을 용광로에 넣었더니 상쾌해졌다.

• 선생님께 잔소리를 들어서 속상했는데 그 마음을 용광로에 녹이니까 속상한 마음보다 고마운 마음이 든다. 잔소리도 나의 단점을 고칠 수 있는 기회이기 때문이다.

★ 5학년

• 오늘 선생님께서 마음을 다스리는 법을 알려 주셨다. 나는 집에 와서 해 보았다. 슬픈 일을 생각하며 용광로에 녹이고 나니 마음이 가벼워졌다. 가족에게도 알려 줬는데 엄마도 마음이 한결 좋아졌다고 했다. 언니도 마음이 어두웠는데 밝아졌다고 한다. 밤에 또 해 봐야지.
• 오늘은 '남을 용서하는 마음'이었다. 나는 용광로를 상상하고 지금까지 쌓인 싫어하는 마음, 미워하는 마음 등을 집어넣었다. 또 나는 부모님께 혼나서 짜증 났던 마음, 친구와 싸워서 친구가 얄미운 마음 등을 셀 수도 없이 많이 넣었다. 그리고 눈을 떠 보니 마음이 편안해지고 따뜻해졌다.
• 요즈음 선생님과 같이 마음을 다스리면서 내가 정말로 달라졌다. 괜히 귀찮았던 일이 즐거워지고, 나쁜 기억이 없어지고 명랑해졌다는 걸 정말 크게 느꼈다. 이것은 평생 동안 마음이 무겁고 흔들릴 때 사용하면 좋은 내 인생의 길잡이가 될 것 같다. 오늘은 미워하는 사람을 좋아하는 사람으로 만드는 걸 했다. 피아노 학원에 가서 실험해 보았더니, 내가 정말 싫어하는 1학년 여자아이가 있었는데, 이제는 그럭저럭 괜찮아졌다. 이것은 내 인생의 큰 교훈이 될 것 같다.

★ 6학년

• 나는 엄마와 아빠가 싸워서 마음이 아팠던 것을 용광로에 녹였다. 자다가 들었는데 부모님이 나 때문에 싸우셨다. 싸우고 나서 아빠는 시골로 내려가 버리셨다. 그리고 여태까지 오지 않으신다. 아빠가 보고 싶어 아빠에게 전화를 걸어 달라고 하면 엄마는 "아빠 바빠."라면서 전화를 걸어 주지 않는다. 그래서 슬픈 마음을 용광로에 녹였더니 마음이 한결 가벼워졌다.
• 오늘 선생님과 함께 용광로에 내가 잘못한 걸 녹였다. 녹이기 전엔 내가 왜 그랬을까? 하는 생각이 났다. 녹인 후엔 생각이 안 났다. 그래서 집에 와서 세 번을 더 했다. 그리고 사촌 동생에게 이 방법을 알려 줬다. 마음이 편하다.

2. 마음일기

활동 목표: 마음 다스리기를 실천하고 점검하는 마음일기를 쓸 수 있다.

내면의 힘을 기르는 실천은 생활 속에서 꾸준하게 이루어져야 한다. 이런 의미에서 여러 사람이 모여 있는 학급은 꾸준함과 실천력을 기를 수 있는 좋은 공간이 된다. 학생들과 교사가 함께 마음 다스리기를 실천하면 내면의 힘에 대한 확신, 도움 주고받기 등의 시너지 효과가 발생한다. 또 마음일기를 쓰고 함께 나눔으로써 자신의 실천을 확인하고 친구들의 실천에서 배울 수 있는 기회를 얻는다.

교사는 학생들이 마음 다스리기의 실천과 이를 점검하는 마음일기 쓰기에 흥미를 가질 수 있도록 융통성 있게 이끌어 간다. 예를 들어, 모둠일기장을 만들어 매일 한 명씩 돌아가면서 쓰게 하면 학생들에게 즐거운 마음으로 실천력을 길러 줄 수 있다. 또 교과 수업의 도입에서 잠깐 동안 마음을 안정시키는 마음 다스리기를 실시하고 그 결과를 바로 일기장에 기록하게 하면 따로 개인적인 시간을 내어 일기를 써야 하는 부담감을 덜어 줄 수 있다. 인터넷을 이용하여 각자가 올린 일기를 공유할 수도 있다.

이번 차시에서는 일단 자신이 어떤 마음을 주로 쓰고 있는지, 생활하면서 언제 마음 다스리기를 해야 할지 자각할 수 있도록 마음의 흐름을 기록해 보고 마음 다스리기를 실천해 본다. 이후에는 마음 목록표와 같은 형식 없이 바로 내용을 기록하는 일기를 쓰도록 안내한다.

활동 자료: 〈활동지〉 ③-2-1

③-2-2

활동 과정

과정	내 용	자료 및 유의점
도입 (7)	▶ 마음 다스리기 주인공을 떠올려 마음을 다스리는 활동을 한다. ▶ 학습 문제 내가 어떤 마음을 쓰고 있는지 알아보자.	
전개 (30)	▶ 내 마음의 흐름 기록하기 하루 동안 일어났던 마음을 시간의 흐름에 따라 기록하면서 자신의 마음의 흐름을 파악하여 마음 다스리기를 해 본다.	• 교실 내의 적당한 장소를 활용해서 편안하게 자신의 내면을 바라볼 수 있도록 한다. • 활동지(3-2-1)
정리 (3)	▶ 과제 제시 마음 다스리기를 실천하고 마음일기를 쓰도록 과제를 제시한다.	• 교실의 상황에 따라 마음일기 쓰기 방법을 미리 생각해 둔다. • 활동지(3-2-2)

활동 전개

도입 (7분)

▶ **마음 다스리기**

내 마음의 주인공, 용광로를 떠올려 마음 다스리기를 한다.

ⓘ 지금 내가 녹이고 싶은 마음이 무엇인지 생각해 보고 그 마음을 다스려 봅시다.

ⓘ 우리는 하루 동안 많은 마음을 쓰고 사는데, 내가 주로 쓰고 있는 마음에는 어떤 것들이 있는지 궁금하지 않나요? 이 시간에는 내가 어떤 마음을 쓰고 있는지 확인해 봅시다.

▶ **학습 문제: 내가 어떤 마음을 쓰고 있는지 알아보자.**

전개 (30분)

▶ **내 마음의 흐름 기록하기**

활동지(③ 2 1)에 하루 동안 시간의 흐름에 따라 일어난 일들과 그때의 마음을 솔직하게 구체적으로 적도록 한다. 학생들의 이해를 돕기 위해 교재에 있는 학생의 사례를 제시할 수도 있다. 기록하는 활동이 끝나면 그중 녹이고 싶은 마음을 정하여 마음 다스리기를 하고 결과를 발표한다.

ⓘ 자기가 쓴 마음을 솔직하게 적어 보면 자기를 자유롭지 못하게 하는 마음을 알아내기가 쉽습니다. 활동지에 나의 하루 생활에서 어떤 마음을 내고 그로 인해 어떻게 행동했는지 적어 보고, 자주 쓴 마음에 밑줄을 그어 봅시다.

(예시)

- 일어나야지, 일어나야지 하고 생각하면서 누워 있었다. (귀찮음)
- 엄마가 큰소리로 일어나라고 해서 짜증이 났다. (짜증)

- 엄마에게 야단을 맞고 일어나니까 기분이 좋지 않았다. (우울함)
- 일어나서 씻고 옷을 갈아입는데 못 다한 숙제가 생각났다. (후회와 걱정)
- 학교에 지각할 것 같아 아침밥을 먹는 둥 마는 둥 하였다. (바쁘고 정신없음)

ⓘ 내가 어떻게 마음을 쓰고 있는지 알 수 있었나요? 자주 쓴 마음은 무엇이고 그 마음이 나의 생활에 어떠한 영향을 주었는지 이야기해 봅시다.

ⓘ 그중 녹이고 싶은 마음을 정하여 마음 다스리기를 해 봅시다.

정리 (3분)

▶ **과제 제시**

하루 생활 가운데 일어나는 마음을 다스려 보고 마음일기장에 기록하도록 과제를 제시한다. 활동지(3-2-2)에 있는 마음일기란을 사용하도록 안내한다.

[학생 사례]

(수민)의 마음 목록표

하루 동안 나의 마음이 어떻게 움직이고 말하고 행동했는지, 시간의 흐름에 따라 있었던 일과 그때의 마음을 적어 보세요.

2009년 12월 3일 목요일 날씨: 햇볕은 쨍쨍, 바람은 조금

1. 7시쯤 일어나 씻고 옷을 갈아입는데 못 다한 숙제가 생각났다.
   (이제부터는 숙제할 때 짜증 부리지 말고 미루지 말자.)
2. 지각을 하여 선생님께 야단 맞을까 봐 헐레벌떡 외투를 걸치고 학교를 향해 뛰어갔다.
   (조금 일찍 일어나면 될 것을 …… 아이고, 숨차라!)
3. 학교에 도착하니 승희가 와 있었다. 승희 숙제를 좀 빌려야지.
   (오, 나의 구세주 승희! 승희처럼 숙제를 잘해 와야지.)
4. 선생님께서 예체능 총정리를 해 주셨다. 빨리빨리 넘어가니 제대로 적지 못해 짜증이 났다.
   (늦게 적는 것도 내 탓, 평소에 공부를 안 한 것도 내 탓!)
5. 영어 시간에 연극을 했는데 우리 모둠이 제일 먼저 했다. 그런데 다른 모둠이 하는 것을 보니 우리보다 잘하는 것 같았다. 그래서 한 번 더 하고 싶다는 생각이 들었다.
   (한 번에 실수 없이 잘하도록 하자.)
6. 수학 문제를 푸는데 너무 어려워서 성질이 버럭 났다.
   (어려운 문제도 풀 수 있도록 실력을 쌓자. 수민 씨~)

※ ( ) 안에 쓴 것은 그 행동을 할 때 냈던 마음이다.

[학생 사례]

(수민)의 마음 목록표

나의 하루 생활에서 내 마음이 어떻게 움직이고 말하고 행동하게 했는지 시간의 흐름에 따라 떠오른 마음을 있는 그대로 적어 보세요.

2009년 12월 7일 월요일 날씨: 맑음

1. 오늘도 늦어서 아침부터 허둥댔다. 씻고 옷 갈아입고 책을 챙기기에 바쁘다.
   (할 일을 모두 다하고 잠자리에 들어야지.)
2. 교실 앞에 도착! 은진, 승희, 나 이렇게 셋이서 먼저 들어가려고 싸웠다.
   (어차피 늦은 건 마찬가지인데 이런 일로 힘 빼지 말자.)
3. 학교에 도착해서 조금 남은 숙제를 하면서 숙제가 많다며 짜증을 냈다.
   (숙제가 많은 것이 아니라 그 시간 안에 다하지 못한 나를 반성해야지.)
4. 시험을 보는데 모르는 것이 많아 짜증이 났다.
   (공부 안 한 것도 내 탓이니 노력해야지.)
5. 지금 마음 목록표를 적으면서 문득 든 생각인데 선생님 말씀처럼 그냥 나의 마음을 적어 보자.
   (그래, 그냥 떠오르는 마음을 있는 그대로 써 보자.)

마음 목록표를 다시 보면서 여러 번 쓴 마음에 밑줄을 그어 보세요. 그리고 그 마음이 나를 어떻게 움직였는지 적어 보세요.

짜증 나는 마음을 자주 쓴다는 것을 알았다. 그 마음을 바꿔야겠다.

[학생 사례]

마음일기

오늘 나의 마음과 말과 행동은 어떠했나요? 마음을 다스리는 실천을 할 수 있었나요? 오늘 하루 어떤 마음을 쓰며 살고, 어떻게 마음을 다스렸는지 적어 보세요.

저녁을 먹고 독서록을 쓰고 지금 컴퓨터 앞에 앉아 있다.

나는 혼자서 열심히 공부를 하고 있는데 부모님은 동생이 예뻐서 무릎에 앉히고 뽀뽀해 주고 난리가 났다. 그런데 오빠가 나를 괜히 툭 치고 지나갔다. 그러고는 엄마에게 가서 내가 게임만 하고 논다고 거짓말을 했다. 그런 사실도 모르고 엄마는 나를 야단쳤는데 오빠는 쏙 빠져나갔다. 너무 속상해서 눈물이 찔끔 나왔다.

한동안 토라져 있다가 갑자기 마음공부 생각이 나서 방금 시작하고 있다. 마음공부를 하면서 다시 한번 왜 속상한지 생각을 하다가 그 원인은 나한테 있었다는 생각이 들었다. 사람의 속마음은 갖가지가 있는데, 엄마가 동생만 예뻐해서 질투가 난 것이다. 부모님은 내가 잘되길 바란다고 하시는데 실제로는 나보다 동생을 더 사랑하는 것인지 그것이 좀 궁금했다. 마음은 점점 그 궁금증 때문에 속이 부글부글 끓고 머리가 지끈지끈 아팠다. 이럴 때, 주인공이 필요하다. 숨을 깊게 들이마신 다음, 그 잡생각을 집어넣고 녹이라고 말했다. 주인공은 내게 무엇이 필요한지를 찾아 주고 녹여 준다.

'주인공, 오빠를 미워하는 마음, 동생을 질투하는 마음을 너에게 던져 버릴 테니까 녹여 줘.'

— 신미진 —

오늘 동생과 싸웠다. 동생이 나한테 말을 걸었는데, 내가 아무 말도 없고 그러니까 먼저 머리카락을 잡아 뜯었다. 난 화가 났다. 하지만 그때 딱 주인공 마음이 생각났다. '주인공, 내가 동생과 싸워도 화내지 않고 지혜로운 마음으로 해결하게 도와줘.' 그러니까 화나는 마음이 점점 사라졌다. 그리고 동생도 더 이상 그러지 않았다. '주인공, 고마워. 다 네 덕분이야. 앞으로도 이런 일이 있으면 지혜롭게 해결하게 도와줘.'

-고윤희-

오늘 동생과 싸웠다. 동생은 책을 많이 읽어서 엄마는 동생에게만 칭찬을 많이 해 주신다. 그래서 짜증이 났다. 나는 책을 읽으면 잠이 온다. 엄마는 나만 볼 때마다 "동생을 본받아라."라는 말씀뿐이다. 어떻게 하면 책을 많이 읽어서 동생보다 더 많이 사랑받을 수 있을까? 내 동생은 칭찬받는 것을 좋아해서 만날 책만 읽는다. 잘난 척하는 동생이 얄밉다. '주인공, 동생이랑 싸우지 않게 도와줘! 동생을 사랑하는 마음을 갖게 도와줘~!'

-김명선-

오늘 메이플 딱지를 학교에 가지고 갔다. 나는 장난이 하고 싶었다. 그래서 '장난하고 싶은 마음아, 녹아라! 녹아라!'라고 여러 번 되풀이해서 말했다. 그래도 마음이 녹질 않아서 계속했다. 그랬더니 괜찮아졌다. 하지만 그때 선생님이 오셔서 나는 딱지를 뺏기고 말았다. 어쩔 수 없는 일이었다.

-김용준-

요즘, 매일 써야 할 마음일기를 잘 쓰지 않으니, 짜증을 많이 내고 짜증 나는 일이 참 많이 일어난다. 그런데 오늘 특히 마음이 잘 안 다스려져서 이렇게 마음일기를 썼다.

잘 안 되는 일

1. 친구와 사이좋게 지내지 못한다.
2. 차분해지지 않는다.
3. 마음이 잘 녹지 않는다.

주인공, 이 세 가지를 잘 다스리게 도와줘. 마음일기를 잘 쓰게 해!

– 백지윤 –

3. 공생의 마음

활동 목표: 나와 주변을 조화롭게 하는 공생의 마음을 낼 수 있다.

마음 다스리기를 꾸준히 실천하다 보면 조금씩 다른 사람들을 배려하는 마음이 저절로 일어나게 된다. 그것은 자신을 가두고 있는 관념의 껍질이 얇아지면서 자신과 연결되어 있는 다른 생명들의 마음을 더 잘 이해할 수 있게 되고, 너와 나를 구분하는 마음이 줄어들기 때문일 것이다. 너와 나를 구분하지 않는다는 것은 그 상대와 내 마음이 한마음이 됨을 의미한다. 한마음이 되면 마음의 힘이 더해진다. 이 마음은 우리가 개별적인 너와 나로 존재할 때는 쓸 수 없는 공심(共心)의 마음이다. 이렇게 주변의 생명과 한마음이 되는 마음 씀을 공생의 마음이라고 한다.

이 차시에서는 공생의 마음의 의미를 알아 친구와의 고민 나누기에 적용해 보고, 이러한 마음 씀이 익숙해질 수 있도록 대상과 기간을 정해 모둠 또는 학급 전체가 공생의 마음 내기를 실천해 본다.

활동 자료: 〈활동지〉 ③-3-1

활동 과정

과정	내용	자료 및 유의점
도입 (5)	▶ 경험 나누기 마음 다스리기를 통해 다른 사람을 위해 마음을 내 본 경험을 나누면서 학습 문제를 이끌어 낸다. ▶ 학습 문제 친구와 고민을 나누어 보자.	
전개 (30)	▶ 친구와 고민 나누기 친구의 고민을 들어 주며 서로에게 마음을 내주는 활동을 한다. ▶ 공생의 마음 내기 실천 계획 세우기 공생의 마음 내기의 의미를 알아보고, 토론을 통해 학급 전체 또는 모둠별로 마음 낼 내용과 실천 기간을 정한다.	• 학급의 상황에 따라 고민 나누기 방법을 선택한다. • 활동지([3]-3-1)
정리 (5)	▶ 활동 소감 나누기 활동하면서 느낀 점을 함께 나눈다.	

활동 전개

도입 (5분)

▶ **경험 나누기**

마음 다스리기를 하면서 다른 사람을 위해 마음을 냈던 경험을 발표한다.

ⓣ 마음 다스리기를 하면서 다른 사람을 위해 마음을 낸 경험이 있다면 왜 그랬는지, 그때의 마음은 어떠했는지 발표해 볼까요?

ⓣ 이 시간에는 친구와 함께 고민을 나누는 활동을 해 봅시다.

▶ **학습 문제: 친구와 고민을 나누어 보자.**

전개 (30분)

▶ **친구와 고민 나누기**

교실 상황에 맞는 방법으로 친구와 고민 나누기 활동을 한다.

활동방법(예시)

ⓣ 각자 자신의 고민을 적은 다음 돌아가면서 발표하고, 고민을 듣는 다른 친구들은 발표한 친구와 한마음이 되어 그 고민을 주인공에게 맡긴다.

ⓣ 안과 밖으로 원을 두 개 만들고 마주 앉아 서로 고민을 주고받으면서 마음을 낸다. 교사가 이동 신호를 보내면 안쪽에 앉은 학생이 옆으로 자리를 옮겨 고민 나누기를 이어 간다.

ⓣ 모둠별로 고민 나누기를 진행한다.

▶ **공생의 마음 내기 실천 계획 세우기**

모둠 또는 학급 전체가 공생의 마음 내기 실천 계획을 세워 본다. 다음에 제시된 학생의 마음일기 사례를 활용할 수 있다.

만약 지구의 모든 사람들이 마음 내기를 실천하면 어떨까?

난 지구의 모든 사람들이 마음 내기를 하면 우리가 싸움을 하지 않을 것 같다. 그래서 서로의 나라를 피투성이로 만들지 않고, 한마디로 말하면 전쟁도 안 하고 서로서로 친하게 지낼 것 같단 말이다. 그렇게 하면 서로에게 피해가 가지 않고 서로의 마음도 잘 통할 것 같다. 왜냐고? 우리는 서로 연결되어 있으니까! 이게 바로 위대한 마음 내기의 첫 번째 법칙! 주인공, 우리 모두가 마음 내기를 하는 방법은 없을까?

— 마음일기, 원지희 —

피아노를 치고 기범이를 데리러 유치원에 갔다. 걷고 있는데 비가 와서 우산을 쓰고 갔다. 기범이가 치과에 가기 싫다고 징징 짰다. 기범이 마음이 많이 아팠겠다.

기범이는 세 살 때부터 이가 많이 썩어 서울에 있는 큰 병원에 3개월마다 한 번씩 간다. 치카치카를 잘했으면 치과에 안 갔을 텐데. 얼마나 아팠을까? 기범이가 치료를 받을 때 아파서 우는 걸 보니 속상했다. 이제 기범이한테 치카치카를 잘해 줘야겠다.

— 마음일기, 기범이 누나 —

ⓘ 지희와 기범이 누나의 일기를 듣고 어떤 생각을 했나요?

ⓘ 주변에 있는 다른 존재를 생각하고 소중히 여기는 마음은 우리가 가지고 있는 본래의 마음입니다. 우리 모두는 서로 연결되어서 살아가고 있기 때문에 다른 사람이 아프면 나도 아픔을 느끼게 됩니다. 그 순간 내 마음과 다른 사람의 마음이 하나가 되기 때문입니다. 한마음이 된다는 것은 주인공의 힘을 서로 나누는 것을 의미합니다. 상대방의 마음과 한마음이 되어

그 사람에게 힘을 더하는 것을 '공생의 마음 내기'라고 합니다.

ⓘ 공생의 마음 내기를 할 수 있는 대상은 많습니다. 짝꿍이 아프지 않게 마음을 낼 수도 있고, 우리 반 친구들이 공부를 잘하도록 마음을 더해 줄 수도 있고, 텔레비전에서 고통받는 사람을 볼 때 그 사람을 위해 마음을 내는 것, 지구를 위하는 마음, 동물을 위하는 마음 등 주변의 모든 것들과 한마음이 될 수 있습니다.

ⓘ 모둠별로 공생의 마음 내기를 할 대상과 기간을 정하여 한마음이 되어 보는 실천을 해 봅시다.

공생의 마음 내기(예시)

ⓘ 나의 마음에 주인공 용광로 떠올리기

ⓘ 올라오는 마음을 용광로에 녹이기

ⓘ 마음이 편안해지면 공생의 마음 내기를 할 상황과 대상 떠올리기

ⓘ 그것이 곧 나의 상황이라고 생각해 보기

ⓘ 주인공의 힘에 맡기기

정리 (5분)

▶ 활동 소감 나누기

활동을 하면서 느낀 점을 함께 나눈다.

4. 실천 돌아보기

활동 목표: 내면의 힘을 믿고 자신을 변화시키려는 마음을 다질 수 있다.

이번 차시는 프로그램을 마무리하는 활동으로 구성되었다. 그동안의 활동 내용을 돌아보고, 마음 다스리기를 통해 자신에게 어떠한 변화가 있었는지 확인해 보면서 실천의 마음을 다지도록 수업을 이끌어 간다.

활동 자료: 〈활동지〉 3-4-1

3-4-2

활동 과정

과정	내 용	자료 및 유의점
도 입 (15)	▶ 교육 활동 돌아보기 프로그램의 활동을 상기하면서 자신에게 도움이 되었던 내용을 발표한다. ▶ 학습 문제 현재 나의 마음 씀씀이를 확인해 보자.	
전 개 (20)	▶ 설문지 작성하기 활동지(3-4-1)를 작성하고, 활동 초기에 작성했던 설문지와 비교하여 자신의 변화를 측정해 본다. ▶ 꾸준한 실천 다짐하기 활동지(3-4-2)를 작성하여 마음 다스리기를 실천하면서 겪은 어려움을 함께 나누고 실천을 다짐한다.	• 교사도 자신의 변화 사례를 발표하여 학생들에게 함께하는 공부임을 느끼게 한다. • 활동지(3-4-1, 3-4-2)
정 리 (5)	▶ 활동 소감 나누기 활동하면서 느낀 점을 함께 나눈다.	

활동 전개

도입 (15분)

▶ **교육 활동 돌아보기**

'가장 ~했던 활동' 선정하기를 통해 그동안의 활동 내용을 되돌아본다. 다시 보고 싶은 자료를 뽑아 함께 볼 수도 있다.

ⓘ 그동안 했던 활동에는 어떤 것들이 있었는지 기억할 수 있나요? 가장 재미있었거나 도움이 되었던 활동, 가장 지루했던 활동 등을 선정해 볼까요?

▶ **학습 문제: 현재 나의 마음 씀씀이를 확인해 보자.**

전개 (20분)

▶ **설문지 작성하기**

활동지(3-4-1)를 작성하여 활동 초기에 작성했던 설문지와 비교하여 자신의 변화를 측정해 본다.

ⓘ 그동안 마음 씀씀이에 변화가 있었나요? 어떤 점이 바뀌었는지, 또는 바뀌지 않은 것은 무엇인지 이야기해 볼까요?

▶ **꾸준한 실천 다짐하기**

활동지(3-4-2)를 작성하면서 자신의 변화와 발전을 위한 실천 정도를 생각해 본다.

ⓘ 내가 찾고 있는 황금은 무엇이며 지금 어떠한 실천을 하고 있나요? 실천하는 데 어떠한 어려움이 있는지 함께 이야기해 봅시다.

ⓘ 마음을 다스리는 것이 때로는 힘들기도 하고 잘 안 될 때도 있을 것입니다. 그러나 그럴 때 포기하지 말고 그 힘든 마음을 용광로에 던져 버리고 지혜롭게 생활하기 위해 꾸준히 실천하는 것이 중요합니다.

이 보물지도에서 분명히 여기에 황금이 있다고 했는데...... 파 보자!
두리번
두리번
다 찾아 버리겠다!
호 이짜
호 이짜
호 이짜
왜 안 나올까?
분명히 있다고 나와 있으니까 있을 거야! 계속 파 보자.
어휴! 힘들어. 그냥 포기할까?
아니야...... 조금 더 파 보자.

정리 (5분)

▶ 활동 소감 나누기

활동하면서 느낀 점을 함께 나눈다.

저자 소개

한마음과학원

한마음과학원은 근대과학의 패러다임을 이루는 이분법적이고 물질주의적인 사고의 틀을 벗어나 물질계와 정신계가 조화롭게 발전함으로써 모든 생명이 공존하고 공생하는 원리를 연구하고 그 성과물을 공유하기 위하여 1996년 12월 비영리 연구교육기관으로 설립되었다. 인문분과, 사회분과, 자연분과, 공학분과, 의학분과, 교육분과 등 총 6개 분과에 100여 명이 넘는 전문가들이 회원으로 활동하고 있다. 지난 십 년에 걸쳐 현대인에게 맞는 수행 프로그램, 마음공부 포럼, 인성교육 프로젝트, 각종 사회교육 프로그램, 리더십 프로그램 등 여러 분야의 교육 사업을 추진해왔다. 아울러 한마음 원리 연구그룹, 물질 · 정보 · 에너지 연구그룹, 생명과 의학 연구그룹, 지구 · 환경 · 공생 연구그룹 등 4개의 연구그룹을 중심으로 인류의 진화와 정신계의 개발을 위한 다양한 연구 프로젝트를 추진하고 있다.

인성교육 프로젝트 연구위원

김영래(철학 박사, 고려대학교 교육문제연구소 간사)
박종래(공학 박사, 서울대학교 공과대학 교수)
박해일(의학 석사, 박해일내과의원 원장)
박호용(의학 박사, 경북대학교 의과대학 교수)
안인옥(농학 박사, 한국인삼공사 중앙연구원 책임연구원)
이경욱(사회복지학 박사, 원광디지털대학교 교수)
장동호(공학 박사, 금호산업연구소 전임연구원)
진복선(교육학 박사, 아주대학교 강사)
최상욱(공학 박사, 전 KIST 연구원)
한기연(경제학 박사, Tempis 투자자문 부사장)
황수경(교육학 석사, 동국대학교 선학과 강사)

인성교육 프로그램 개발팀

권경숙(서강초등학교 교사)
김민선(초동초등학교 교사)
박성례(단원고등학교 교사)
원정숙(화양초등학교 교사)

윤영수(경희고등학교 교사)
이명자(한마음과학원 연구원)
이은희(한마음과학원 연구원)
이지현(한마음과학원 연구원)
전자영(곡란중학교 교사)
정갑영(신월초등학교 교사)
정여순(소하고등학교 교사)
홍은화(서울디자인고등학교 교사)

인성교육 프로그램 운영팀

김인옥(본원초등학교 교사)
김홍록(장승중학교 교사)
나호준(쏘덱(주) 대표이사)
남기희(박달초등학교 교사)
이병현(기업은행 기업상담센터 컨설턴트)
최성희(석관초등학교 교사)
홍미애(고잔고등학교 교사)
곽은선(한마음과학원 교육운영 담당)
박영우(한마음과학원 홍보 담당)
유정미(한마음과학원 총무/회원관리 담당)
이지현(한마음과학원 교재/프로그램 개발 담당)
정규열(한마음과학원 마케팅/홍보/콘텐츠 담당)
한상준(한마음과학원 IT 담당)

인성교육 프로그램 총괄기획

김용환(경영학 박사, 한마음과학원 기획조정실장)

초등용 교사용 지도서

한나무 인성교육 프로그램

꽃을 피우는 나무

2010년 8월 30일 1판 1쇄 발행
2011년 9월 10일 1판 2쇄 발행

지은이 • 한마음과학원
펴낸이 • 김진환
펴낸곳 • (주) 학지사
121-837 서울특별시 마포구 서교동 352-29 마인드월드빌딩 5층
대표전화 • 02)330-5114 팩스 • 02)324-2345
등록번호 • 제313-2006-000265호

홈페이지 • http://www.hakjisa.co.kr
커뮤니티 • http://cafe.naver.com/hakjisa

ISBN 978-89-6330-482-3 94370
978-89-6330-481-6 (set)

정가 13,000원